Sinnvolle Freizeit

Heidi und Nina Hoegen

Advent! Advent!

Basteln, backen und Brauchtum
in der Vorweihnachtszeit

Franckh'sche Verlagshandlung
Stuttgart

Umschlag von Hans-Ulrich Eichler,
unter Verwendung eines Dias von Uwe Höch
Wir danken der Firma Holz-Haas, Stuttgart,
die uns die Figuren für den Umschlag zur
Verfügung gestellt hat.
16 Farbfotos von Hanns Brauch
43 Zeichnungen von Helmi Henssler

CIP-Kurztitelaufnahme der Deutschen Bibliothek

Hoegen, Heidi-Ricarda
Advent! Advent! : Basteln, backen u. Brauchtum
in d. Vorweihnachtszeit / Heidi u. Nina Hoegen.
– 1. Aufl. – Stuttgart : Franckh, 1977.
(Sinnvolle Freizeit)
ISBN 3-440-04467-X

NE: Hoegen, Nina

Franckh'sche Verlagshandlung, W. Keller & Co., Stuttgart / 1977

Printed in Italy / Imprimé en Italie / LH 9 be / ISBN 3-440-04467-X
Satz: Konrad Triltsch, Würzburg
Herstellung: Editoria S. N. C. di G. A. Benvenuto & C., Trento
(Italien)

Advent! Advent!

Vorwort

Jedes Jahr kommt Weihnachten viel zu schnell, da kann man machen, was man will. Mit diesem Buch soll versucht werden, etwas System in die Vorbereitungen zum schönsten Fest des Jahres zu bringen. Für jeden Tag haben wir eine Bastelarbeit — teils verschiedene zur Auswahl — oder ein Backwerk vorgesehen. Wir gehen auf in- und ausländische Bräuche ein und geben Rezepte aus verschiedenen Ländern weiter, die wir gesammelt haben. Manche Tage sind auch den Geschenkvorbereitungen für die Familie oder die Verwandten und Paten vorgesehen. Am Schluß des Buches, am 24. Dezember, ist dann alles geschafft und das Weihnachtszimmer mit allem Schmuck fertig. Natürlich kann niemand in einem Jahr alles basteln und backen, was wir vorstellen, sondern jeder soll sich das heraussuchen, was ihm am besten gefällt. Manches Stück kann ja dann in der nächsten Adventszeit in Angriff genommen werden.
Für Hinweise aus dem Ausland danken wir: Lilo Arndt (Schweden), Erika Heinz und Ini Lohnert (Österreich), Ute Nöltner (England).

Heidi und Nina Hoegen

1. Dezember

Der erste Advent liegt in manchen Jahren schon vor dem 1. Dezember. In einem Haushalt mit Kindern müssen also Adventskranz und Adventskalender schon eher fertig sein. Wir wollen uns als spätestes Datum für diese Bastelarbeiten den 1. Dezember vornehmen.

Die Adventspyramide

Wer keinen Adventskranz herkömmlicher Art aufstellen oder aufhängen will, bastelt vielleicht einmal eine Buchsbaumpyramide (Abb. 1), die angeblich von Lieselotte von der Pfalz erfunden wurde. In jedem Bastelgeschäft oder Kaufhaus gibt es Styropor-Kegel zu kaufen. Der Kegel ist etwa 25 cm hoch. Bei 8 und 16 cm (von unten gemessen) stößt man vorsichtig mit Schaschlikspießen oder dünnen Blumenstöcken durch den Kegel, so daß auf jeder Seite ein Stück in gleicher Länge herausschaut. Das untere Stöckchen sollte etwas länger sein als das obere. Die herausstehenden Enden lackiert man rot oder grün und läßt sie trocknen. Jetzt wird der ganze Kegel mit Buchsbaum- oder Tannenzweigen besteckt, so dicht, daß von dem weißen Untergrund nichts mehr zu sehen ist. An den Enden der Querstäbe befestigt man kleine Kerzenhalter zum Anklammern, wie man sie bei den Tannenbäumchen für die Gräber verwendet. Man erhält sie in Blumen- oder Schreibwarengeschäften. Das Ganze sieht wie ein kleiner Tannenbaum aus. Wer will, kann zwischen das Grün auch noch künstliche Äpfel, Birnen oder Strohblumen stecken.

Abb. 1

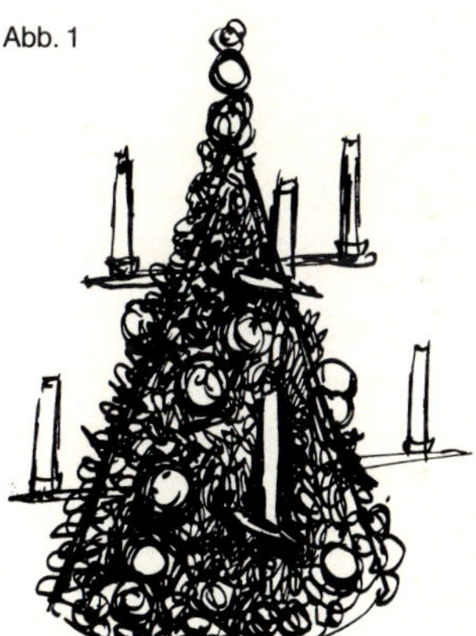

Der Adventsständer

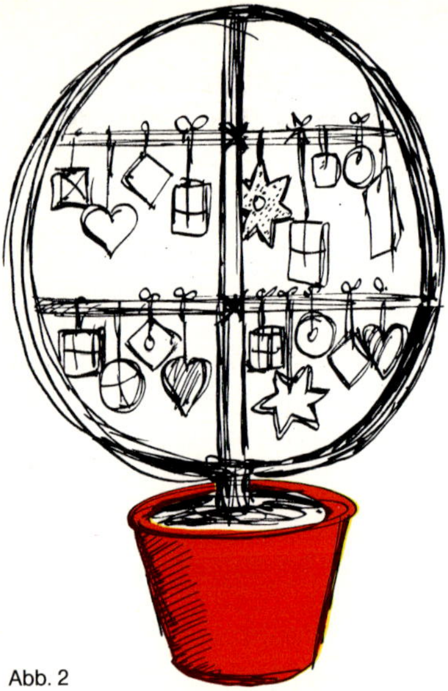

Abb. 2

Für viele Jahre geeignet und jedes Jahr wieder neu zu schmücken ist ein stabiler Adventsständer (Abb. 2), der schon ein wenig handwerkliches Geschick erfordert. Wir benötigen einen Vierkantholzstab, ca. 40 cm lang, in den auf Höhe 20 cm und 30 cm von unten je ein Querstab eingelassen oder aufgenagelt wird. Eine Holz- oder Kunststoffleiste, die sich leicht biegen läßt, wird in einem großen Kreis über den Längs- und die beiden Querstäbe gespannt, an den Stäben mit ganz kleinen Nägeln festgenagelt, unten an den beiden Seiten des Vierkantholzes entlanggeführt, so daß sie dort mit dünnem Draht noch zusätzlich befestigt werden kann. Das Gestell wird in einen Blumentopf (ca. 13 cm Durchmesser) oder einen hübschen Übertopf eingegipst. (Gips mit Wasser mischen, Stab in die Mitte des Topfes stellen und festhalten, Gips einfüllen und fest werden lassen.) Den Tontopf kann man vor dem Eingipsen mit Lackfarben bemalen und auch noch mit Motiven versehen. Bei einem Übertopf erübrigt sich eine weitere Bearbeitung. Es sieht auch hübsch aus, wenn das ganze Gestell, bevor es in den Topf kommt, grün oder rot angemalt wird.
Der ganze Holzrahmen kann nun mit Tannenzweigen besteckt werden (feinen Blumendraht, der kaum zu sehen ist, verwenden). An die Querstäbe werden viele bunte Süßigkeiten an Bänder gehängt, auch kleine Äpfel und Mandarinen. Die Kinder dürfen sich jeden Tag etwas zum Naschen abmachen, und die Mutter hängt wieder neue Sachen an den Adventsständer.

Tannenbaumadventskalender

Den Adventsständer kann man auch als Adventskalender verwenden, wenn man an die Süßigkeiten und das Obst Schilder mit den

Ziffern 1 – 24 anbringt — oder sogar an Päckchen mit kleinen Geschenken. Aber wir haben, besonders für kleinere Kinder, noch einen anderen Adventskalender entworfen. Aus einem großen grünen Plakatpapierbogen schneiden wir einen Tannenbaum aus, den wir vorher auf die weiße Rückseite freihand gezeichnet haben. Die Formen können auch stilisiert sein, Hauptsache, man erkennt die Baumumrisse. An die obere Spitze des Baumes befestigen wir hinten einen selbstklebenden Aufhänger (oder auch eine Schnurschlaufe an Klebestreifen), so daß wir ihn an die Türe innen im Wohnzimmer hängen können. Das ist dann schon die Eröffnung des Schmuckes für das Weihnachtszimmer. In die Pappe stechen wir, verteilt über den ganzen Baum und natürlich besonders an den Spitzen der „Tanne", mit einer dicken Stopfnadel 24 Löcher. Die vorbereiteten und in buntes Seidenpapier eingepackten Geschenke werden mit rotem Seidenband (schmal) gebunden, dessen Enden jeweils durch eines der Löcher mit der Stopfnadel durchgeführt werden. Auf der Rückseite werden die Enden verknotet. Jeden Tag wird eines der Geschenke abgeschnitten.

1. Advent

Der Sonntag nach dem 26. November ist der 1. Advent. Die erste Kerze am Adventskranz darf entzündet werden. In der Adventszeit gibt es in dörflichen Bereichen ein „Spiel", das Frauentragen heißt: eine Mariengestalt oder Maria und Josef als Gruppe werden unter Gesang von Kindern in ein Bauernhaus getragen und dort in den Herrgottswinkel gestellt. Am nächsten Tag wird die Figur wieder abgeholt und in das nächste Haus des Dorfes getragen. Diese Sitte soll an die Herbergssuche von Maria und Josef erinnern. Erst am Heiligen Abend finden die Herbergssuchenden ihren festen Platz: sie ziehen in die in der Kirche aufgestellte Krippe mit Hirten, Schafen und der Krippe.

2. Dezember

Orangenmarmelade „Frau Zimmermann“

Eigentlich kocht man Marmelade im Sommer. Aber hier kommt ein ganz köstliches Rezept, das besonders gut in die Adventszeit paßt — und deshalb wollen wir es gleich am 2. Dezember ausprobieren:

Zutaten
2 Pfund Orangen (gute Qualität und ungespritzt), ½ l Wasser, 3½ Pf. Zucker, Saft 1 Zitrone, 1 kl. Fl. Opekta, 10 g Zitronensäure (ist Opekta beigepackt).

Zubereitung
Orangen heiß waschen, gut abtrocknen und die äußere Schale in den Kochtopf abreiben (die Reibe kann man mit dem Wasser abspülen!), Orangen teilen und auspressen. Kerne beseitigen. Saft mit Fruchtfleisch und Zucker, Zitronensaft, Zitronensäure, Wasser und der abgeriebenen Schale unter dauerndem Rühren zum Kochen bringen, brausend durchkochen lassen (10 Sekunden). Dann Opekta einrühren, nochmals aufkochen lassen, in Gläser füllen und sofort mit Zellophan verschließen. Deckel erst auf die erkaltete Marmelade aufsetzen.
Und hier kommt auch gleich der erste Geschenktip! In Haushaltswarengeschäften bekommt man recht preiswert die bekannten blaugrauen Steinguttöpfchen in verschiedenen Größen zu kaufen. Auch werden verschiedene fertige Wurstsorten, Heringssalate und Pflaumenmarmelade neuerdings in solchen Töpfen angeboten. Man kauft sich also entweder eine Anzahl der Steingutgefäße oder sammelt sie das Jahr über. Statt in Gläser füllt man die Orangenmarmelade in diese Töpfe, bindet sie mit Zellophanpapier zu und läßt sie erkalten. Je nach Größe des Gefäßes schneidet man nun aus einfachem blauweiß- oder rotweißkariertem Stoff ein Viereck und bindet es über das Papier. Am besten nimmt man zuerst ein Gummiband und verwendet dann noch ein buntes Band zur Ver-

zierung. An die Schleife kann man vor dem Verschenken noch einen Tannenzweig und ein hübsches Namensschild anbringen. Das ist ein originelles Geschenk aus der eigenen Küche. Die Kinder können schon gut dabei mithelfen und haben gleich eine Gabe für die Großeltern oder Paten bereit. Guten Appetit!
Zur Orangenmarmelade paßt gut das Orangennetz, das auch jederzeit ein hübsches Geschenk abgibt, über das sich jeder Empfänger freuen wird.

Orangennetz

Aus grüner Wolle häkeln wir ein Netz, in das eine Orange kommen soll, die mit Gewürznelken besteckt ist. Dieses Netz können wir im Zimmer aufhängen, und es wird einen herrlichen Duft verströmen. Gleichzeitig ist es aber wieder ein hübsches Geschenk und vor allen Dingen so leicht und schnell zu arbeiten, daß man bestimmt mehrere davon machen wird.
Wir verbinden 10 Luftmaschen zu einem Kreis. In diesen Kreis werden sieben Bogen aus 10 Luftmaschen gehäkelt. In die sieben Bogen werden wieder sieben Bogen aus je 10 Luftmaschen gehäkelt, und noch eine dritte Reihe von je 10 Luftmaschen wird in diese Bogen gehäkelt. Den Faden vom Kreis und den Endfaden verwahren. Eine Kordel aus 100 Luftmaschen häkeln, Endfaden verwahren. Die Kordel durch die letzte Bogenreihe ziehen, die Orange einlegen und das Netz festziehen. Die Kordel zur Schleife binden. Die aus dem Netz hervorschauenden Teile der Orange dicht mit Nelken bestecken, aber noch so viel Platz frei lassen, daß die orange Farbe zu sehen ist. Der Reiz dieser fertigen Arbeit liegt nämlich auch in der Farbkombination: das grüne Netz (das ja wieder zum Tannengrün paßt), die leuchtende Orange und die Nelkenköpfe.
Die Arbeitszeit beträgt nur eine halbe Stunde. Man kann die Nelken auch blümchenförmig anordnen.
Wir haben dünne Perlwolle und eine Häkelnadel Nr. 3,5 verwendet. Die Luftmaschen kann man recht locker halten. Sollte das Netz mit dickerer Wolle gearbeitet werden, müßte einfach noch eine Reihe von sieben Bogen zu je 10 Luftmaschen aufgehäkelt werden.

3. Dezember

Aus Amerika berichtet

In Amerika — oder besser gesagt in den USA — gibt es einen besonders hübschen Brauch, den wir auch in Deutschland einführen könnten. An die Haustüre oder Wohnungstür wird in der Vorweihnachtszeit ein Tannenkranz gehängt, der mit einer roten Schleife oder anderem Weihnachtsschmuck verziert ist. Wir könnten dafür einen schlichten Adventskranz (natürlich ohne Kerzen) verwenden. Aber auch ungebundene Tannenzweige oder Gestecke ließen sich hier einsetzen. Wir fanden in einem Blumengeschäft eine Bambusröhre mit Bastaufhänger, die wir mit frischen Zweigen schmücken. In unseren Vorgärten haben sich ja die beleuchteten Tannenbäume mehr und mehr durchgesetzt — zur Freude aller Anwohner. Vielleicht gibt dieser Hinweis auf den Haustürschmuck hier eine weitere Anregung, für sich und andere vorweihnachtliches Brauchtum einzuführen. Einige Anregungen geben die folgenden Zeichnungen (Abb. 3, 4).

Abb. 3

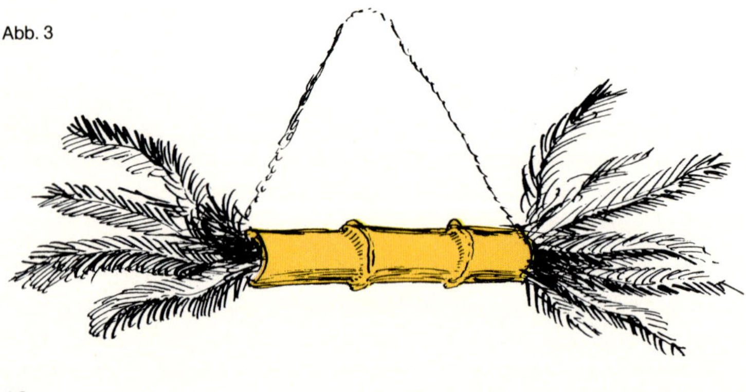

Abb. 4

Brownies aus Amerika

Schon zum 1. Advent erwartet jeder in der Familie etwas zum Knabbern oder Schlecken. Wir haben ein feines, sehr ergiebiges Rezept aus Amerika.

Zutaten
240 g Kochschokolade, 100 g Margarine, 8 Eier, 1 Prise Salz, 700 g Zucker, 250 g Mehl, 200 g Haselnüsse

Zubereitung
Die Schokolade mit der Margarine zusammen schmelzen lassen (nicht kochen), danach zum Abkühlen wegstellen. Die ganzen Eier mit dem Zucker und der Prise Salz schlagen, bis eine weiße, schaumige Masse entsteht. Die erkaltete Schokoladenmenge dazugeben, mit Nüssen und Mehl bedecken und vorsichtig ganz kurz vermischen. (Es darf nicht zu dick werden!) Der Teig wird auf ein gut gefettetes Blech verteilt und 30 – 35 Min. bei 190° C gebacken. Noch warm in Rechtecke, Rhomben, Dreiecke oder beliebige Formen schneiden und abkühlen lassen.

4. Dezember

Es kommt ein Schiff geladen . . .

Eine besonders hübsche und originelle Dekoration für das vorweihnachtliche Zimmer ist das Adventsschiff. Es bereitet als Tischschmuck bei einem Adventskaffee viel Freude und kann auch ein Mitbringsel zu einer anderen Einladung sein. Kleinere Gäste wollen es vielleicht sofort aufessen. Aber es kann auch die ganze Adventszeit hindurch aufgehoben werden. (Aus dem dann trockenen Brot läßt sich immer noch ein Weckauflauf machen.)

Anleitung
Für den Schiffsrumpf benötigt man ein Pariser Weißbrot oder ein Schwarzbrot von entsprechender Form mit möglichst flacher Unterseite, so daß es gut steht. Ein 30 cm langes, dünnes Hölzchen (Blumenstäbchen) bildet den Mast. Er wird an einer Seite zugespitzt und dicht mit Rosinen vollgesteckt — eine Rosine nach der anderen aufspießen. Unten am Stock läßt man 3 – 4 cm frei, um den Mast in das Brot — genau in die Mitte des Laibes — stecken zu können. An „Bug" und „Heck", also am linken und rechten Ende des Brotes, müssen nun 5 – 6 cm lange Holzstöckchen (evtl. auch Partyspieße) in das Brot gesteckt werden, damit die Schnur, an der die Wimpel „gehißt" werden sollen, angebracht werden kann. Es eignet sich ein mitteldicker Wollfaden oder dünne Paketschnur (ca. 60 cm Länge), je nach Brot verschieden. In den Mast oben schneidet man einen Ritz ein, in dem die Schnur Halt findet. Die Wimpel werden aus buntem Weihnachtspapier geschnitten. Insgesamt brauchen wir 20 – 22 Wimpel. Man kann sehr gut Papierreste verwenden und einzelne Wimpel herstellen, oder man schneidet einen beliebig langen bzw. mehrere Papierstreifen von 6 cm Länge aus und knickt ihn zur Hälfte auf 3 cm. Vom Bruch aus schneidet man Dreiecke: wo der Streifen offen übereinanderliegt, entsteht die Wimpelspitze. Die Wimpel sollten 3 – 3,5 cm breit sein. An der Breitseite wird der Wimpel über die Schnur gelegt und fest-

geklebt. Lustig sieht es aus, wenn ein Wimpel mit der Spitze nach oben, der andere mit der Spitze nach unten schaut.
Zum Schmücken des Schiffes brauchen wir noch zwei kleine rotbäckige Äpfel, zwei möglichst flache Mandarinen, zwei rote Weihnachtsbaumkerzen, Lebkuchen und andere Süßigkeiten.
Links und rechts vom Mast haben die Äpfel ihren Platz: Mit einem Kernhausentferner durchsticht man den Apfel und steckt nun anstelle des Kernhauses die Kerze in den Hohlraum. Dicht neben der Kerze muß zur Befestigung noch ein Spießchen durch den Apfel in das Brot gestochen werden. Die Kerze sollte nicht mehr als 3–4 cm aus dem Apfel herausstehen, damit die Kerzenflamme auf keinen Fall die Wimpel erreicht. An die Wimpelschnur hängen wir leichtes Gebäck und leichte Süßigkeiten mit kurzen Aufhängern. Neben die Äpfel stecken wir auf Spieße Lebkuchen und auch schweres Gebäck und süße Sachen. Dann kommen noch die Mandarinen: An ihrer Unterseite befestigt man mit Klebestreifen kleine Tannenzweige, oben darauf kann noch einmal Gebäck gesteckt werden. Alle Teile werden immer mit Partyspießen befestigt. Am

Anfang und Ende des Schiffes wird um die Wimpelschnur noch je eine rote Schleife gebunden. Jedes Schiff kann natürlich anders dekoriert werden, es kann als Last auch ein größeres Geschenk tragen. Die hier angebotene Verzierung dient nur als Anregung.
Das Schiff sieht nicht nur schön aus, es riecht auch gut, denn die angestochenen Äpfel und Mandarinen verbreiten mit den Tannen und Kerzen ein bißchen Weihnachtsduft.

Am 4. Dezember werden die Barbarazweige geschnitten und in einer Vase ins warme Zimmer gestellt. Diese Kirschbaumzweige blühen dann zu Weihnachten in weißer Pracht. In Niederösterreich versieht man die Zweige mit einem Namensschild, etwa für jedes Familienmitglied, und wessen Blüten sich am ehesten öffnen, der hat ein besonders glückliches Jahr vor sich. Das könnte auch bei uns zu einer hübschen Familiensitte werden.

5. Dezember/6. Dezember

Der Nikolaustag ist allen Kindern bekannt. Wo er nicht persönlich kommt, stellen sie wenigstens ihre Schuhe (möglichst die größten Stiefel, die sie haben) vor das Kinderzimmer. In Heidelberg gehen die Kinder am sogenannten „Kleinen Nikolaus" verkleidet von Haus zu Haus, singen, sagen einen Vers auf und erhalten dafür Süßigkeiten, Obst oder ein kleines Geldstück.
Der bekannte Singvers lautet:

Ich bin ein kleiner König,
Gebt mir nicht zu wenig,
Laßt mich nicht zu lange stehn,
Ich muß heut noch weiter gehn.

Nikolaus in anderen Ländern:

In *Dänemark* stellen die Kinder einen Teller auf ihren Eßplatz, der dann morgens gefüllt ist.
In *Friesland* stellen die Kinder ihre Schuhe unter den Schornstein.
In der *Provence* stellen die Kinder Schuhe an den Kamin.
In *England* werden den Kindern meist am Kamin aufgehängte Strümpfe gefüllt.
Im *Elsaß* verstecken sich die Kinder und rufen aus ihrem Versteck:

Niki, Niki, Naki,
Hinterm Ofen stack i,
Bring mer Äpfel un Bire,
So kum i wider fire.

7. Dezember

Abb. 6–10
(rechte Seite)

Strohsterne und Sternkette

Kein Weihnachtsschmuck hat sich in den letzten Jahren so durchgesetzt wie Strohsterne. Viele Weihnachtsbäume werden ausschließlich mit ihnen geschmückt, vorzugsweise zusammen mit Wachskerzen. Aber auch eine Vase oder ein Krug mit Tannenzweigen, an die verschiedene Strohsterne gehängt werden, gehört in die Adventszeit. Strohsterne machen etwas Arbeit, deshalb beginnen wir schon am 7. Dezember damit. Die meisten werden schon selber Sterne gebastelt haben, der Vollständigkeit halber wollen wir hier trotzdem eine Anleitung geben und mehrere Formen vorstellen.

Der „klassische" Strohstern wird aus Naturstrohhalmen gefertigt, aber auch die bunt eingefärbten Sterne setzen sich immer mehr durch. Vor allem Kinder basteln lieber mit farbigen Halmen. Es können auch verschiedene Farben bei einem Stern kombiniert werden. Große Sterne werden aus Rundhalmen gefertigt. Im Bastelgeschäft bekommt man sie in Abpackungen von ca. 50 Stück und 22 cm Länge. Sie sind unterschiedlich dick. Für den Rundstern suchen wir Halme etwa gleicher Stärke. Wir nehmen 4 Halme zum Stern übereinandergelegt in die linke Hand und halten sie mit Daumen (vorne), Zeige- und Mittelfinger (hinten) fest. Ein doppelt genommener Wollfaden (oder Garn u. ä.) wird in den ersten Halm eingehängt, bis zur Mitte, wo alle Halme zusammentreffen, geführt und dann einmal über dem Halm, einmal unter ihm herumgebunden. Etwas den Faden anziehen, so hält der Stern besser die

Abb. 5

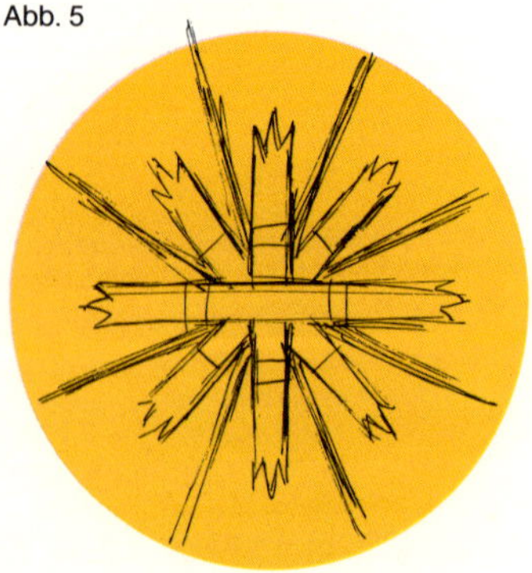

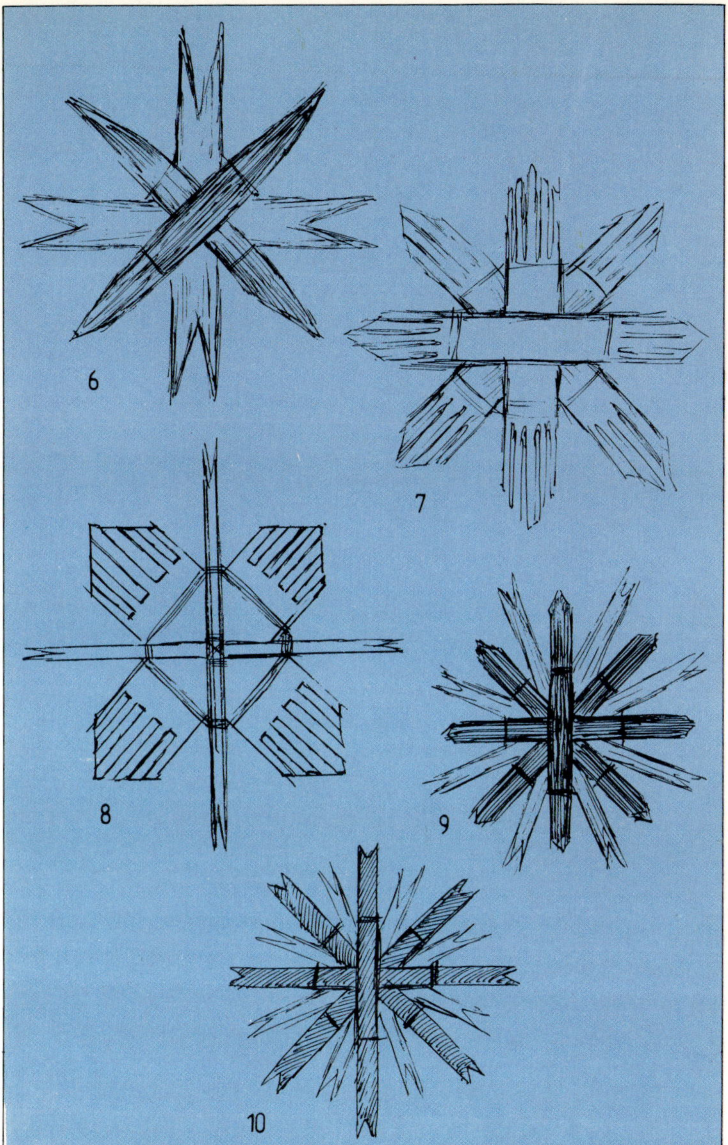
6
7
8
9
10

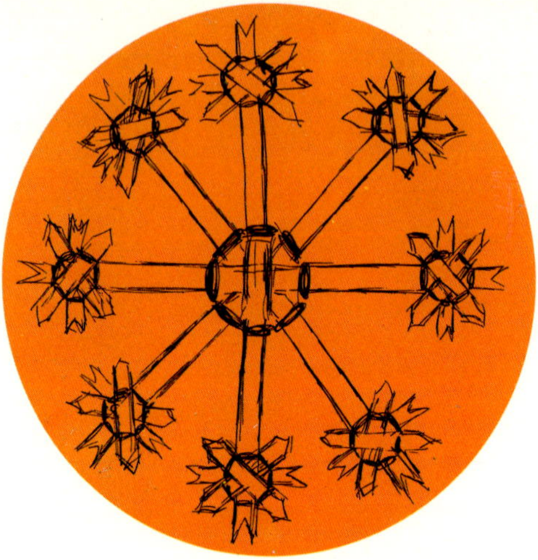

Abb. 11

Form. So viele Strohhalme dazubinden, wie es gefällt. Bei sehr vielen Halmen muß man sie in der Mitte etwas knicken. Am Schluß den Faden auf der Rückseite verknüpfen. Erst jetzt den Stern zuschneiden, z. B. die Spitzen abschrägen, abwechselnd die Halme länger oder kürzer lassen usw.

Für flache Sterne muß man die Halme einige Zeit (1 – 2 Stunden) in kaltes Wasser legen, aufschlitzen und dann bügeln. Je nach Hitze des Bügeleisens kann man die Halme von ganz hell bis dunkelbraun „färben", das gibt besonders hübsche Effekte. Wir können auch ganz dünne Rundhalme mit breit gebügelten kombinieren (siehe Abb. 5, Seite 22). Auch die flachen Sterne werden erst, wenn sie fertig gebunden sind, zugeschnitten (Abb. 6 – 10, Seite 23).

Oft ist es einfacher, die gebügelten Strohhalme zunächst in Sternform zu kleben und dann einmal zu umwickeln oder, wie beim zusammengesteckten Stern (Abb. 11), den großen Innenstern zu binden und die kleinen Außensterne anzukleben.

Ich persönlich ziehe geklebte Sterne vor (Abb. 12). Dazu muß man die Halme halbieren oder gar dritteln, zum Teil ist es einfacher, mit der Pinzette zu arbeiten, besonders wenn es sich um sehr feine Teile handelt. Die Enden der einzelnen Stücke zieht man durch einen Klebstofftropfen und drückt sie fest, bis sie angetrocknet sind. Aufhänger erst anbringen, wenn der Klebstoff gebunden hat.

Abb. 12

Nach diesem Prinzip ist auch die *Sternenkette* gebastelt, die schon von kleineren Kindern hergestellt werden kann, da recht große Einzelteile verwendet werden. Die Sterne werden in unterschiedlicher Größe einzeln hergestellt und am Schluß mit bunten Wollfäden zur Kette verbunden (Abb. 13). Solch eine Kette sieht sehr schön auf einem dunklen Hintergrund — etwa an einer Schranktür mit Klebestreifen angebracht — aus. Sie ist aber auch ein hübsches Geschenk für Großeltern und Paten, läßt sich leicht zusammenlegen und verpacken.

Abb. 13

8. Dezember

Ein Tannenbaum, der nicht nadelt *

Material
1 massiver runder Holzstab, 105 cm lang, 3 cm Durchmesser, 11 runde Holzstäbe, 71 cm lang, 1 cm Durchmesser. Elektrischer Handbohrer mit verschieden starken Bohrern, stärkster Bohrer ca. 1,1 – 1,2 cm, 1 Schraubzwinge.
Der 3-cm-Durchmesser-Stab wird in einer Schraubzwinge sehr festgeschraubt. Auf der einen Seite des Stabes (unten) werden ca. 23 cm freigelassen, bevor das erste Loch gebohrt wird. Am oberen Rand lassen wir ca. 10 cm frei. In diesen Zwischenraum werden in Abständen von etwa 3,5 – 4 cm = 15 Löcher gebohrt und zwar jeweils ein bißchen versetzt, so wie an einem richtigen Tannenbaum ja auch nicht alle Äste symmetrisch um den Stamm herumwachsen. Wir bohren die Löcher zunächst mit einem kleineren Bohrer (ca. 0,6 – 0,8) und nehmen dann jeweils einen größeren. Diese Mühe ist nötig, weil das Holz des Stabes sonst leicht bricht bzw. splittert. Am Schluß werden alle 15 Löcher mit dem 1,1 – 1,2-Bohrer fertig gebohrt. Die 11 dünneren Holzstäbe werden in folgende Längen gesägt:

1. Stab	71 cm	
2. Stab	66 cm	
3. Stab	63 cm	
4. Stab	60 cm	
5. Stab	56 cm	
6. Stab	53 cm	Rest 18 cm = 15. Stab
7. Stab	50 cm	Rest 21 cm = 14. Stab
8. Stab	46 cm	Rest 25 cm = 13. Stab
9. Stab	43 cm	
10. Stab	40 cm	Rest 31 cm = 12. Stab
11. Stab	35 cm	

* Entwurf und Ausführung: Ritva Klingelhöfer

Wir haben jetzt 15 „Baumäste", die in die Löcher gesteckt werden müssen. Dabei entsprechen die Nummern der Stäbe den Nummern der Löcher von unten her gesehen. Der „Tannenbaum" hat — wie ein echter — unten die breitesten Äste, die sich nach oben hin verjüngen.
Den fertigen Baum stellen wir in ein Gefäß (Ton, Glas, Porzellan, Steingut), das guten Halt bietet. Eine Person hält den Baum, eine zweite füllt das Gefäß mit Steinen auf. Auf diese Weise steht der Baum sicher und fest. In einem Glasgefäß sind die Steine zu sehen, wer das vorzieht, sollte also ein durchsichtiges Marmeladenglas, eine Vase o. ä. wählen.
Dieser Tannenbaum hat viele Vorzüge. Er soll den richtigen Weihnachtsbaum nicht ersetzen, aber zusätzlich eine Zierde sein. Wir können ihn als *Adventskalender* verwenden, wenn wir an die Äste 24 Päckchen, auf denen das Datum steht, hängen. Wir können ihn mit Früchten und Süßigkeiten zum Essen und Knabbern in der Adventszeit vollhängen. Er kann mit Kerzenhaltern besteckt werden, deren Kerzen schon ein wenig vorweihnachtlichen Glanz verbreiten. Er kann aber auch erst an Weihnachten aufgestellt werden, wobei man an seine Äste die kleineren Geschenke für die ganze Familie hängt.
Es gibt eine kleine Geschichte zu diesem speziellen Baum: Die Schüler eines Gymnasiums waren in der Adventszeit bei ihrem Klassenlehrer zu einer Klassenparty eingeladen. Als Geschenk brachten sie ihm (das zeigt, daß es ein sehr netter Klassenlehrer sein muß!) den Baum mit, den eine Schülerin gebastelt hatte und an den jedes Mitglied der Klasse ein Geschenk gehängt hatte, z. B. Sterne, Süßigkeiten, eine kleine Krippe, Backformen usw.
Vielleicht fallen den Lesern auch noch ganz andere Möglichkeiten ein, den Baum zu verwenden.

9. Dezember

Kinderkuchen

Backen gehört zur Adventszeit. Schon der Geruch, der durch die Wohnung zieht, bringt Stimmung ins Haus. Auch die Kinder bakken gerne, und am liebsten backen sie etwas allein (Abb. 14). Für diese Fälle gibt es die fertigen Backpackungen, die sich in der Qualität oft nicht von einem selbst zusammengestellten Rezept unterscheiden. Bei einem Kastenkuchen mit Zuckerguß gibt es aber in jeder Familie den Kampf um den Anschnitt, weil er den meisten Guß abbekommen hat.
Wir haben uns für die Kinder etwas ausgedacht, was sie schon ganz ohne Hilfe backen können. Die Hauptsache dabei ist, daß jedes Stück Kuchen soviel Guß wie ein Anschnitt hat.

Zutaten
1 Packung Gewürzkuchen, 4 Förmchen Schokoladenguß, Mandeln zum Garnieren

Herstellung
Den Gewürzkuchen aus der Packung nach Anleitung verarbeiten und in einer *Kastenform* backen. Ein bis zwei Tagen stehen lassen, evtl. in Alufolie eingepackt, damit er frisch bleibt. Jetzt den ganzen Kuchen in 2–3 cm dicke Scheiben aufschneiden. Die Scheiben flach auf

Abb. 14

einen Kuchenrost oder eine Porzellanplatte legen. Jedes Stück muß für sich liegen. Den Schokoladenguß im Wasserbad erwärmen und schmelzen lassen. Mit einem dicken Pinsel die Ober- und Seitenteile der Kuchenstücke dick bestreichen. Die Unterseite, die auf dem Rost oder der Platte liegt, wird zunächst nicht bestrichen. Gut trocknen lassen. Jetzt alle Stücke auf den Kopf legen und auch die Unterseiten mit Guß überziehen. Für einige Stücke kann der helle Zuckerguß, der der Packung beiliegt, verwendet werden.
Während die erste Zuckergußseite trocknet, werden Mandeln mit heißem Wasser übergossen. Die braune Haut läßt sich jetzt leicht lösen.
Sofort, wenn die zweite Seite der Kuchenstücke überzogen ist, wird sie, solange die Glasur noch weich ist, mit den Mandelstücken verziert, wie man es von Lebkuchen her kennt.
Auf diese Weise erhält jedes Familienmitglied ein Kuchenstück mit soviel Guß, wie es sich schon immer gewünscht hat.
Vorschlag 1: Die Kinder backen den Kuchen für die Eltern zum zweiten oder dritten Advent.
Vorschlag 2: Die Kinder backen gleich zwei Kuchen oder behalten zwei bis drei Stücke zurück. Mit einer länglichen Tortenplatte für Kastenformkuchen — auf die zwei bis drei Stücke gelegt werden — verschenkt, können wieder Verwandte oder Freunde bedacht werden. Die Kuchenplatte mit den Kuchenstücken darauf kann in durchsichtiges Seidenpapier verpackt werden, mit bunten Schleifen zugebunden und Weihnachtsanhängern (s. 11. Dezember) versehen werden. Tannengrün, rings um die Kuchen gesteckt, sieht besonders hübsch aus.
Anmerkung: Der Gewürzkuchen eignet sich für weihnachtliches Gebäck besonders gut. Es können aber auch andere Packungen, z. B. Zitronenkuchen oder Biskuit verarbeitet werden. Bei hellen Güssen können die Mandeln ungeschält verwendet werden, auch eignen sich Liebesperlen oder Garnierfrüchte zum Verzieren.

10. Dezember

Laterne, Laterne . . .

Am Tag des Heiligen Martin von Tours, am 11. November, gehen viele Kinder mit ihren Laternen im Martinszug durch die Straßen. Dem heiligen Martin sagt die Legende nach, er habe seinen Mantel mit dem Schwert geteilt, um die Hälfte einem frierenden Bettler abzugeben. Diese Legende wird sogar manchmal als Spiel vor einer Kirche aufgeführt, so auch in Stuttgart-Bad Cannstatt. Aus dem Martinszug entstand das „Laternelaufen", so daß wir in der ganzen Vorweihnachtszeit nach Anbruch der Dämmerung Kinder mit ihren Laternen durch die Straßen gehen sehen. Sie singen dabei:

Laterne, Laterne,
Sonne, Mond und Sterne,
Brenne auf mein Licht,
Brenne auf mein Licht,
Aber nur meine liebe Laterne nicht!

Wir haben einige Laternen gebastelt, die man mit Drahtaufhängern versehen an einen Laternenstock (in Schreibwaren- und Bastelgeschäften erhältlich) hängen kann.

Abb. 15

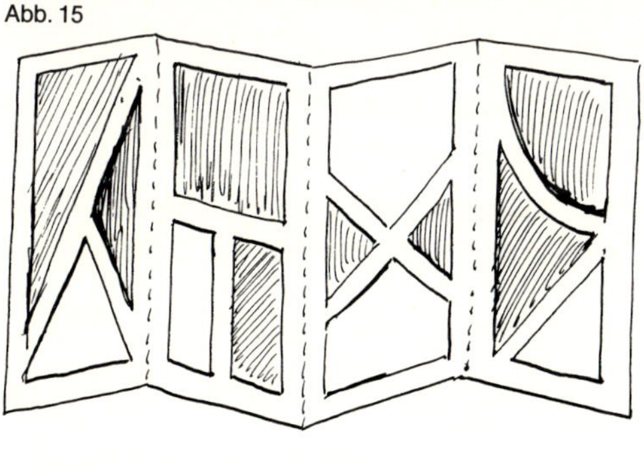

Abb. 16

Für eine Laterne braucht man ein Stück schwarze Pappe von 49 cm Länge und 20 cm Höhe. 1 cm wird als Klebekante von der Längsseite abgefaltet. Die übrigen 48 × 20 cm werden in vier Bereiche von 12 × 20 cm jeweils durch einen vertikalen Faltenbruch geteilt. Jeder Bereich stellt eines der vier Laternenfenster dar, die nun noch durch feinere Einteilungen verziert werden. Hierbei läßt

Ab. 17

Abb. 18

man einen Rand an Ober- und Unterseite von je 2 cm, an den Seiten links und rechts von je 1 cm frei.
Ein Muster nach Wahl wird aufgezeichnet, anschließend in die schwarze Pappe eingeritzt und dann aufgeschnitten. Eingeritzt wird mit einem spitzen Schnitz- oder Taschenmesser, dann kann man die vorgeritzten Muster mit der Schere ausschneiden. Eine andere Möglichkeit ist, die Muster auf einer Holzunterlage mit dem Messer so fest einzuschneiden, daß die Pappe dabei ganz durchgeritzt wird und man das ausgeschnittene Stück einfach aus seiner Abgrenzung herausnehmen kann. Hinter die frei gewordenen Stellen der schwarzen Pappe wird abwechselnd buntes Transparentpapier, das man vorher auf die entsprechende Größe zugeschnitten hat, geklebt (Abb. 15 – 18, Seiten 31 und 32).

11. Dezember

Abb. 19 – 24
(rechte Seite)

Geschenkanhänger

Es gibt viele Arten von Geschenkanhängern zu kaufen, aber für die Päckchen in unserem Weihnachtszimmer oder für die selbstgemachten Geschenke wollen wir auch eigene Namensschilder basteln. Das kleinste Geschenk gewinnt ja durch eine hübsche und originelle Verpackung.
Die Geschenkanhänger können wir aus weißem Karton (z. B. Karton, den die Wäschereien zwischen die gebügelten Hemden legen, oder Karton aus Strumpf- und Unterwäschepackungen) oder aus Filzpapier basteln. Verwenden wir Karton, wird dieser mit Wachsmalfarben, Buntstiften oder auch Wasserfarben angemalt, und zwar mit selbsterfundenen Motiven oder mit den Motiven Schaukelpferd, Nikolaus und Trompete (Abb. 19, 20, 21), die zur Anregung dienen sollen. Natürlich können auch alle Formen, die wir mit Filzpapier gebastelt haben, in Karton gearbeitet werden. Wer mit kleineren Kindern bastelt, sollte Filzpapier verwenden, weil es ein ausgesprochen kinderfreundliches Material ist. Wegen der leuchtenden Farben wird das Ergebnis immer schön ausfallen, auch wenn es nicht bis ins letzte sauber ausgearbeitet ist. In allen Fällen wird die Mutter am Anfang Hilfe leisten, ja, der Sinn der meisten hier im Buch angeführten Basteleien liegt gerade darin, daß Eltern und Kinder in der Vorweihnachtszeit gemeinsam etwas tun.

Anleitung für Anhänger aus Filzpapier

Die Formen Herz, Kugel, Vogel, Kerze, Fisch, Schuh, Glocke (Abb. 22 – 29) oder eine selbsterfundene Form werden jeweils doppelt ausgeschnitten, und zwar so, daß die zuerst ausgeschnittene Seite mit der glatten Seite auf die glatte Seite eines anderen Stükkes Papier gelegt und danach ausgeschnitten wird. Man kann auch das zuerst ausgeschnittene Teil auf der Papierseite des Filzpapieres mit Bleistift umranden und dann ausschneiden. Wichtig ist, daß

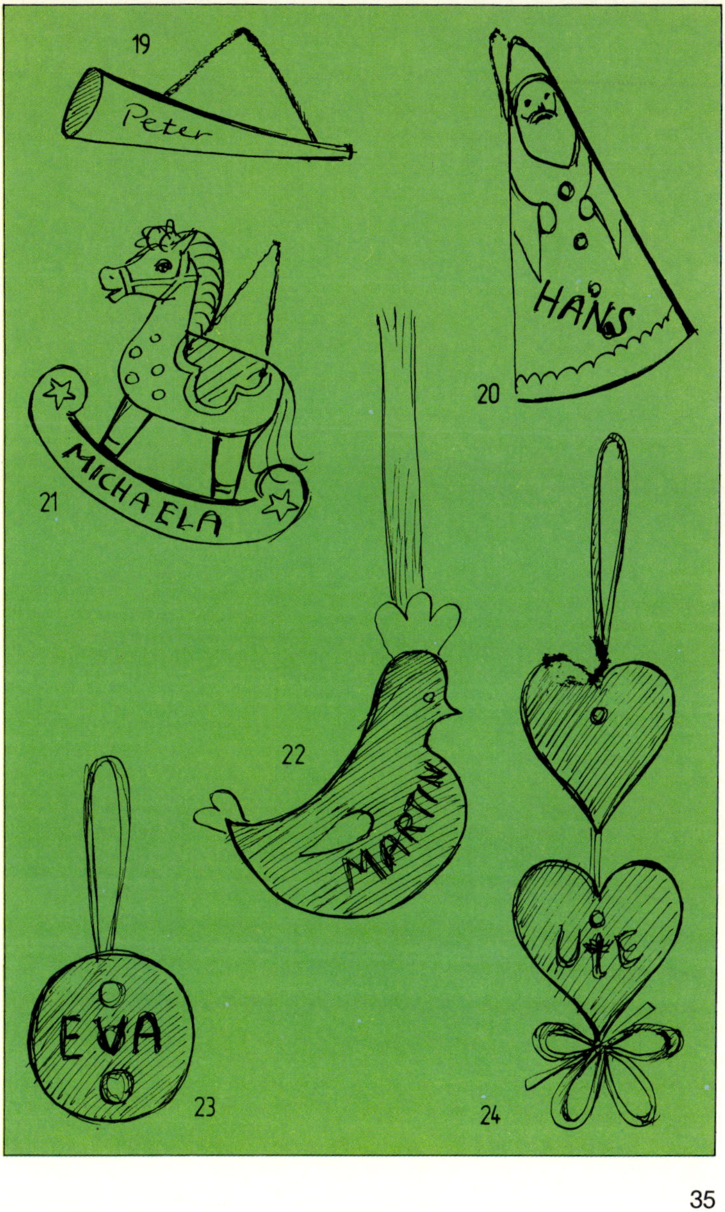
19
Peter
20
HANS
21
MICHAELA
22
MARTIN
23
EVA
24
UTE

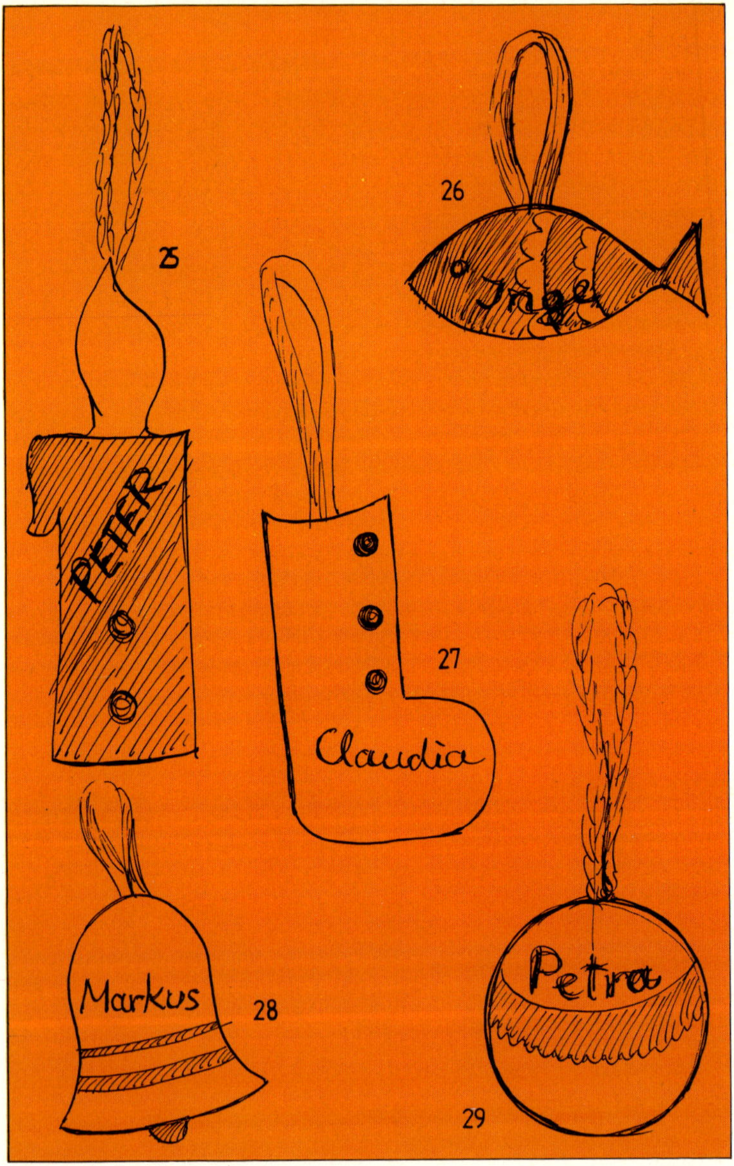
26
Inge
25
PETER
27
Claudia
28
Markus
Petra
29

Abb. 25 – 29 (linke Seite)

immer zwei Teile vorhanden sind, die sich genau decken, wobei die Außenseiten aus Filzpapier sind. Beide Teile werden mit Alleskleber zusammengeklebt, jeweils in der Mitte des Anhängers wird oben ein Aufhänger aus Goldkordel, Seidenband, Wollfäden oder anderem Geschenkband eingeklebt. Das Band sollte ca. 10 cm lang sein, die losen Enden werden zwischen die beiden Filzpapierflächen gesteckt und beim Zusammenkleben gut angedrückt, bis der Klebstoff fest ist. Jetzt können wir die Formen verzieren, dazu eignet sich nicht nur kontrastfarbenes Filzpapier wie beim Fisch, der Glocke und der Kugel, sondern auch abgeflachte Glanzaufkleber, wie man sie zum Flaschenverzieren verwendet. Man erhält Packungen mit bunt sortierten Steinen in Bastelgeschäften. Der blaue Schuh erhält drei rote Glasknöpfe, der rote Fisch bekommt „Schuppen" aus gelbem Filzpapier, Kugel und Herzen sind mit aufgeklebten Glassteinen verziert. Die Verzierungen werden vorsichtig aufgeklebt und leicht angedrückt. Bei der Glocke „Petra" wurde eine Goldspitze aufgeklebt. Festlich sieht auch eine einfache Kugel aus, bei der man zwischen beide Teile außen überstehend eine weiße Rüsche aus Spitzenresten oder eine Brokatspitzenrüsche eingeklebt hat. Mit schwarzem Filzstift werden die Namen aufgeschrieben, oder wir schneiden aus selbstklebenden weißen Adreßaufklebern (in Schreibwarengeschäften erhältlich) ein Rechteck für den Namen aus und kleben ihn auf den Anhänger. Glocke, Kerze und Vogel sind aus mehreren Teilen zusammengesteckt und geklebt.

Bei der Glocke schneidet man den Klöppel gesondert aus (andersfarbig) und steckt ihn vor dem Zusammenkleben, ebenso wie das Aufhängeband, zwischen die beiden Grundformen. Das macht man auch bei der Flamme, der Kerze oder beim Vogel mit Kamm und Schwanz. Augen und Flügel des Vogels werden außen aufgeklebt. Will man — wie bei den Herzen — einen besonders großen Anhänger anfertigen, klebt man die Teile erst zusammen, wenn man das Verzierungsband dazwischengelegt hat. Unten so viel Band herausschauen lassen, daß sich eine Schleife binden läßt.

Wer ganz geschickt ist, kann Pferdchen und Nikolaus auch aus Filzpapier schneiden. Die Satteldecke, das Zaumzeug, Schweif und Schwanz müssen dann buntfarben zum Teil eingeklebt und zum Teil aufgeklebt werden. Beim Nikolaus werden Kappe, Gesicht, Ärmel, Hände und Bart aus entsprechenden Farben ausgeschnitten und aufgeklebt; für die Knöpfe am Mantel können wieder Glassteine verwendet werden. Die Trompete ist auch ganz einfach aus Filzpapier herzustellen. Das Öffnungsoval wird in einer anderen Farbe aufgeklebt als die Grundform. Die Rückseiten der Aufhänger können immer einfarbig und unverziert sein, da auf einem Päckchen ja nur die Vorderseite zu sehen ist. Wer will, kann natürlich auch die Rückseite verzieren.

12. Dezember

Weihnachten der Tiere

Hinter diesem schönen Thema verbirgt sich eine recht umfangreiche Arbeit.

Folgendes Material wird benötigt
1 Bogen Bastelpappe
1 Bogen Kupferfolie, Din A 4
10 – 15 Emailrohlinge, die verschiedene Tiere darstellen
Kalt-Emailfarben (es reichen: rot-, gelb-, grün-, blau- evtl. weißdekkend, ganz kleine Farbtöpfchen)
Harz und Härter

Anleitung
Auf die Kupferfolie zeichnet man die Umrisse eines Tannenbaumes (erst auf einem DIN A 4-Blatt üben, bis man eine Form gefunden hat, die am schönsten aussieht). Mit einem weichen Kugelschreiber „zeichnet" man Äste, Baumstamm und soviel Tannennadeln wie möglich in die Folie, um eine Art Gravierung des Kupfers zu erhalten. Die Seite, auf die man zeichnet, soll später die Rückseite des Baumes sein; das wirkt auf der Kupferfolie besonders gut und erinnert ein bißchen an einen Kupferstich.
Der Tannenbaum wird auf die braune Bastelpappe geklebt. Dabei ist es dem eigenen Geschmack überlassen, wieviel Rand überstehen soll. Wir empfehlen einen recht breiten Rand. Jeder kann natürlich die Farbe der Bastelpappe wählen, die er will, aber braun hat sich zur Kupferfolie geradezu angeboten, weil die beiden Farben gut harmonieren. Da dieser Weihnachtsbaum, in dem die Tiere „Weihnachten feiern", ein Phantasiegebilde ist, braucht der Stamm auch nicht auf der „Erde" — also auf der unteren Kante der Pappe — zu stehen. Die ganze Arbeit soll eher wie ein Bild wirken und wird auch so im Zimmer aufgehängt.

Die Emailrohlinge werden kalt emailliert, indem man Harz und Härter im vorgeschriebenen Verhältnis 8 : 3 (da man relativ wenig Farbe für die kleinflächigen Tiere braucht, reicht auch 4 : 1,5) mischt. Gemischt wird in einer Plastikschale. Mit einem Holzstab muß so lange gerührt werden, bis Blasen aufsteigen. Das fertige Gemisch gießt man in kleinere Plastikgefäße. Von jeder Farbe wird in je eines der Gefäße ein wenig dazugeschüttet und dann mit einem Holzstab umgerührt. Je nach gewünschter Farbintensität kann man dann noch mehr Farbe hinzugeben.
Die Rohlinge müssen vor dem Emaillieren gereinigt werden: entweder mit einem in Spiritus getränkten Lappen oder in einer Lösung aus Essig und Salz. Danach trockenreiben und die Fläche nicht mehr mit den Fingern berühren, sonst wird sie wieder fettig. Die Farben werden mit Holzstäbchen aufgetragen. Der Lack muß nicht aufgemalt werden, sondern tropft von den Stäbchen auf den Rohling und verteilt sich dort. Deshalb muß man sehr vorsichtig mit der Farbmenge sein, wenn man den Rohling mehrfarbig emaillieren möchte. Allzuleicht fließen nämlich die Farben ineinander. Will man also mehrere Farben auftragen, läßt man die erste Farbe etwas trocknen, damit sie sich nicht mehr so leicht mit der nächsten Farbe verbindet. Auf diese Weise kann man Farben nebeneinander auftragen. Wenn man aber ein Muster in der Untergrundfarbe erreichen will, läßt man die Farbe recht lange trocknen und tropft dann von der Musterfarbe ein wenig darauf. Diese Farbe zerläuft dann zu einem fließenden, nicht scharf umgrenzten Muster.
Um die Eigenheiten — ja, Unberechenbarkeiten! — des Emails kennenzulernen, muß man sich ein bißchen üben, das kann man auf Papier tun. Am Anfang sollte man lieber vorsichtig sein. Wenn allerdings einmal alles ineinander zu einer häßlichen Farbmischung verläuft, kann man den Rohling noch retten, wenn man ihn sofort mit dem Spirituslappen gründlich abreibt.
Die emaillierten Tiere müssen 1 – 2 Tage trocknen und werden dann mit Alleskleber auf den Kupferbaum geklebt. Den über den Rand der Rohlinge hinausgelaufenen Lack kann man nach dem Trocknen vorsichtig mit der Schere abschneiden. Bevor man die Tiere festklebt, überlegt man sich — der Phantasie sind wieder einmal keine Grenzen gesetzt — wo jedes Tier seinen Platz bekommen soll: z. B. sitzt der kecke zwitschernde Vogel in der Baumkrone, der scheue Hase neben dem Pilz am Fuß des Stammes, das leichte Eichhörnchen auf einem Astrand. Daß bei dieser Weihnachtsfeier der Tiere auch Elefanten, Pferde, Hunde und Igel auf

einem Baum versammelt sein können, versteht nur der, der an das Wunder der Weihnacht glaubt — Kinder tun das!
Fröhliche Tierweihnachten für die Familie, die dieses Bild zur eigenen Freude herstellt, oder für die Beschenkten, die an dieser Gabe ihr Vergnügen haben werden!
Vielleicht denkt sich eines der Kinder gar noch eine Geschichte dazu aus, schreibt sie auf und verschenkt sie mit dem Bild? Zur Anregung geben wir hier einige Tierlegenden wieder, die zeigen, daß das Thema „Weihnachten der Tiere“ gar nicht so neu ist.

Die Legende erzählt von einem *Glühwürmchen,* als es noch ein unbekanntes, kleines braunes Insekt war. In der ersten Christnacht hörte es die Botschaft des Engels und sah die Hirten über die Felder zum entfernten Stall eilen. Schnell beschloß es, den Hirten zu folgen und dem Christkind den einzigen Schatz zu bringen, den es besaß: Einen Samen, der bei der letzten Ernte übriggeblieben war. Vorsichtig trug es den Samen durch das hohe Gras bis zum Stall. Aber das unscheinbare kleine Tier wurde von niemandem gesehen. Nur das Jesuskind bemerkte es, lächelte es an und berührte es. Von diesem Tag an konnte das Glühwürmchen leuchten, um allen Pilgern den Weg durch die Dunkelheit zum Licht zu weisen.
Ein *ungarisches* Weihnachtslied erzählt von einem *Hirsch,* auf dessen Geweih 100 Kerzen brennen: „Sie brennen, ohne angezündet zu werden, und sie gehen von alleine wieder aus.“
In einem *englischen* Lied aus dem 12. Jahrhundert spielen *Esel, Ochs, Kuh, Taube* und *Schaf* eine Rolle: Der *Esel* bringt Maria zum Stall, die *Kuh* gibt ihre Krippe mit dem Heu für das Kind und wärmt es mit ihrem Atem, der seit dieser Zeit zarter als der eines jeden anderen Tieres ist, das *Schaf* stellt seine Wolle für eine Decke zur Verfügung, die *Tauben* gurren das Jesuskind in den Schlaf, und der *Ochse* steht geduldig daneben, Symbol der Menschen, die ein Joch (gemeint ist eine Last) still auf sich nehmen, während sie für das Wohl anderer sorgen.
Seit der ersten Christnacht summen die *Bienen* jedes Jahr um Mitternacht in ihrem Bienenstock den 100. Psalm „Loblied für das Volk Gottes“. Alle Tiere können in dieser Nacht sprechen, aber großes Unglück überkommt den, der es wagt, ihrer Unterhaltung zu lauschen.
Auch der *Hahn* kommt in einer vertonten Ballade zu Wort. Hinter der Herberge in Bethlehem wurde er Zeuge der Geburt und verkündete laut krähend als erster „Christ ist geboren!“. Als dann die

drei Weisen aus dem Morgenland auf ihrem Weg nach Bethlehem vor König Herodes erschienen und ihm erzählten, daß der größte aller Könige in einer Krippe liege, glaubte er es ihnen nicht. „Wenn das wirklich wahr ist“, sagte Herodes, „dann wird der gebratene *Hahn* in dieser Silberschüssel aufstehen und dreimal krähen.“ Augenblicklich erhob sich der *Hahn* und verkündete dreimal laut: „Christ ist geboren.“
Ein *Rotkehlchen* nistete zwischen den Dachbalken im Stall, als das Jesuskind geboren wurde. Der Engel und die Hirten priesen Gott, und das Rotkehlchen sang dazu voll Freude. Es war der erste Gesang eines Vogels, den das Kind je hörte, und es belohnte das Rotkehlchen mit einer süßeren Stimme, als es zuvor hatte. Seit dieser Zeit singt das Rotkehlchen sein schönstes Lied in der Christnacht.

13. Dezember

Abb. 30

Der 13. Dezember ist der Tag der heiligen Lucia. Die Märtyrerin Lucia aus Syrakus war eine junge Christin, die um 304, wahrscheinlich unter Diokletian, ermordet wurde. Im Mittelalter wurde der 13. Dezember in Deutschland mit vielen Wintersonnenwendfeiern verknüpft. Er galt als Beginn eines neuen Jahres.
In *Schweden* heißt der Lucia-Tag: *modernatten* — Mutternacht oder auch Nacht der Mütter. Lucia ist eine Lichtbringerin. Sie soll auf kommendes Leben hinweisen. Als Symbol trägt sie auf dem Haar eine Lichterkrone (Abb. 30). Lucia geht mit ihren *stjärngossar,* das heißt Sternenjungen, morgens in die Häuser und bringt das Licht in das winterliche Dunkel. Als leibliche Gabe verteilt sie

Luciabröd

Zutaten
350 g Mehl, 25 g Hefe, 40 g Zucker, ⅛ l lauwarme Milch, 1 kl. Messerspitze Safran, 1 Prise Salz, 1 Ei und 1 Eigelb, 50 g Margarine, Korinthen zum Garnieren.

Zubereitung
Mehl in eine Schüssel geben, in die Mitte eine Mulde drücken, Hefe hineinbröckeln, mit etwas Zucker und Milch zum Vorteig verrühren. Mit etwas Mehl vom Rand bestäuben und zugedeckt an einem warmen Ort 15 Minuten gehen lassen.
Safran in einem Schälchen mit 4 Eßlöffeln Milch auflösen, Salz, 1 ganzes Ei, restliche Milch, angerührten Safran und den restlichen Zucker in die Schüssel geben. Margarine in einem Topf schmelzen — nicht erhitzen — und darübergeben. Alles zu einem Teig kneten und so lange schlagen, bis sich Blasen bilden. Zugedeckt 30 Minuten gehen lassen. Auf einem bemehlten Backbrett aus dem Teig daumendicke, etwa 15 cm lange Rollen formen und zu Schnecken, Brezeln, doppelten und einfachen Spiralen drehen. Mit verquirltem Eigelb bestreichen und mit gewaschenen, trockengetupften Korinthen verzieren. Backblech mit Margarine einfetten und Luciabröd in genügendem Abstand voneinander auf das Blech legen. In den vorgeheizten Backofen auf die mittlere Schiene schieben.

Backzeit
15 Minuten, Elektroherd 220°, Gasherd Stufe 5

14. Dezember

Engel-Sternen-Mobile

Dieses Engelsmobile macht ziemlich viel Arbeit, aber wenn die ganze Familie zusammenhilft, ist das natürlich nur halb so schlimm. Die Kinder können die Engel basteln, die Eltern die Sterne, da sie etwas schwerer herzustellen sind. Auf jeden Fall benötigen wir sieben Teile für das Mobile, wobei wir es natürlich auch nur aus Engeln oder nur aus Sternen machen können.
Auch ist jede andere Art von Sternen, jedes andere Muster für einen Engel zu verwenden.
Beide Formen — Engel und Sterne — sind aus Goldfolienpapier (beide Seiten gold) gearbeitet.

Engel

Wir vergrößern die Umrisse des Engels (Abb. 31 a, S. 49) auf Pauspapier, legen es auf das Goldpapier und fahren die Umrisse und Verzierungen, d. h. die Sterne auf dem Kleid, Flügelmarkierungen, Gesichtszüge usw. mit einem spitzen Bleistift oder Hölzchen (z. B. einem Schaschlikspieß) nach. Jetzt wird die Form ausgeschnitten. Wir biegen die Ärmchen nach vorne unten, führen das Kleid nach hinten und stecken den einen Flügel — rechts am oberen Teil leicht eingeschnitten — in den Schlitz am zweiten Flügel, der von unten her leicht eingeschnitten ist. Die Flügel noch ein bißchen nach vorne biegen.

Sterne

Aus Goldfolie wird ein Quadrat von 10 × 10 cm ausgeschnitten. Die Fläche liegt vor uns: Wir knicken sie zweimal zur Hälfte — erst von oben nach unten, dann von links nach rechts — und zweimal diagonal. Nach jedem Faltvorgang öffnen wir die Fläche wieder. Die vertikale und horizontale Mittelbruchlinie wird 2 cm eingeschnitten

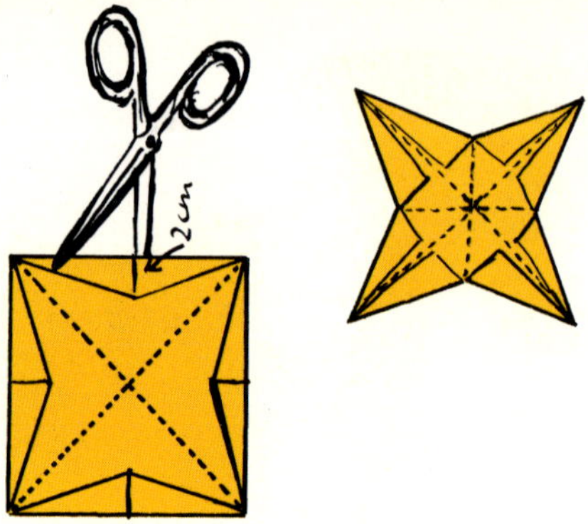

Abb. 31

— oder ein bis zwei Millimeter mehr (Abb. 31) —, so daß die angeschnittenen Seiten jeweils als Dreieck von außen nach innen genau bis zum Bruch der Diagonalen gefaltet werden können. Jetzt ist die Sternform zu erkennen: Ein kleineres Quadrat, an dem sich vier Zacken befinden. Um von der flachen Form zur räumlichen zu kommen, wird jeweils eine der beiden „Flügeltüren", aus denen die Zacken entstanden sind, über die andere gelegt, bis sich beide vollständig decken, und dann festgeklebt. Der zweite Stern wird ebenso gebastelt und schräg versetzt auf den ersten geklebt, so daß der endgültige Mobilestern acht Zacken hat.

Mit einer ganz feinen Nähnadel stechen wir durch eine der Zacken und führen einen verknoteten Faden — wie wir es schon bei den Engeln gemacht haben — durch.

Wenn wir alle sieben Teile fertig haben, beginnt das Aufhängen und Ausbalancieren des Mobiles. Aus dünnem Peddigrohr schneiden wir vier Stücke von ca. 25, 24, 18 und 17 cm. Das Peddigrohr vergolden wir. In die Mitte des größten Stückes knüpfen wir ein Stück Faden, an ein Ende einen Stern. An das 18-cm-Stück knüpfen wir in die Mitte einen Faden und an beide Enden je einen Stern. Wir dürfen die Fäden nicht zu fest knüpfen, sondern nur eine einfache Schleife machen, da wir die Schlaufen zum Ausbalancieren hin- und herschieben müssen. Dieses erste Teil hängen wir mit Klebestreifen oben in eine Türfüllung, das hat sich für das Einrichten von Mobiles gut bewährt. Das 18-cm-Stück wird an die freie Seite des größeren Peddigrohrs gebunden. Zur Mitte einwärts vom Stern des 25-cm-Stücks knüpfen wir das kleinste Stück mit einem Engel und einem Stern an den Außenseiten. Fast in die Mitte des

Stücks mit den beiden Sternen knüpfen wir an einem langen Faden ein weiteres Stück mit zwei Engeln. Erst wenn alle Teile hängen, kann das Mobile endgültig ausbalanciert werden, was oft mit Schwierigkeiten verbunden ist, weil sich eine Schlaufe lösen und das Teil herunterfallen kann, und dann der ganze Vorgang von vorne beginnt. Es ist schon ein bißchen Geduld vonnöten. Jedenfalls sollte man von vornherein versuchen, die einfachen Schlaufen des Fadens recht festzuziehen, weil sie sich beim Verschieben ohnehin lockern. Wenn alle Teile ausbalanciert sind, verkleben wir die Schlaufen mit einem Tropfen Alleskleber, so daß sie nun nicht mehr verrutschen können. Jetzt kann das Mobile sich drehen, und Engel und Sterne können umeinander kreisen. Ein wirklich hübscher Anblick und eine festliche Zierde für das Weihnachtszimmer. In einem Torbogen zwischen zwei Zimmern, an einer Lampe oder auch an einem sehr langen Faden von der Decke hängend, kann das Mobile angebracht werden, oder auch so, daß es über der Spitze des Tannenbaums schwebt.

Abb. 31 a

15. Dezember

Batscherl und Bischofsbrot aus Österreich

In *Österreich* treffen sich an den Adventsnachmittagen im Dezember junge Mädchen und Frauen, um für die werdenden Mütter ihres Bekanntenkreises „Batscherl“ — das sind kleine Babyschuhe — aus weicher Wolle zu stricken. In der Kaffeepause wird dann das Bischofsbrot serviert.
Wir stellen hier ganz einfache Strickschuhe vor, die auch schon von Kindern gestrickt werden können, wenn die Mutter etwas hilft.

Batscherl

Wir stricken ein Rechteck, 14 cm breit und 11 cm hoch, nur mit rechten Maschen (Abb. 32). Nach dem Abketten wird das Stück so zusammengelegt, daß die Höhe nur noch 5,5 cm beträgt. Die hintere Seite nähen wir ganz zusammen, vorne nur 1 cm, dann drehen wir die Naht nach innen. An der offenen vorderen Seite nähen wir Ecken schräg ab, und zwar beginnend bei 4 cm von vorne bis unten 1 cm vom umgebogenen Teil. Beginnend an der hinteren Naht umhäkeln wir den ganzen Rand — und damit auch die zwei durch das Abnähen entstandenen Dreiecke — fortlaufend mit festen Ma-

Abb. 32

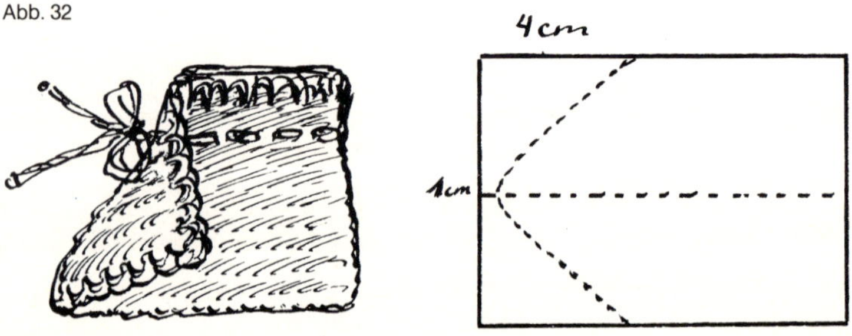

schen in einer kontrastierenden Farbe (z. B. Grundrechteck hellblau, Umrandung weiß). Dabei ist nur darauf zu achten, daß in die beiden Ecken jeweils drei feste Maschen gehäkelt werden, um die Rundung zu erreichen. Über diese erste Reihe häkeln wir noch eine zweite. (Wer geschickt ist, kann in die zweite Reihe auch kleine Bogen oder Muscheln stricken.) Aus 120 Luftmaschen wird anschließend ein Band gehäkelt, das 1 cm unterhalb der weißen Kante durch den kleinen Schuh gezogen wird. Mit dem Durchziehen beginnen wir vorne am Schuh, wo wir auch wieder enden. Das Band wird zu einer Schleife gebunden. Der kleine Wollschuh wärmt sehr gut und wird über der Strampelhose getragen.
(Diese Arbeitsanleitung ist nicht nur auf Babyschuhe beschränkt, sondern das Modell kann in jeder beliebigen Größe gearbeitet werden. Dazu muß man nur die Maße verändern.)

Bischofsbrot

Zutaten
6 Eier, 120 g Zucker, 120 g Rosinen, 120 g Walnüsse, 120 g Kochschokolade, 120 g Haselnüsse, 120 g Mandeln, 120 g Orangeat, 120 g Butter, 1 Schuß Rum.

Zubereitung
Eidotter und Zucker verquirlen, Zucker, Rosinen, Walnüsse (klein gehackt), zerbröckelte Schokolade, geriebene Haselnüsse und Mandeln und das in Mehl gewendete, gewürfelte Orangeat hinzufügen. Butter schmelzen, abkühlen lassen und hinzufügen, dann einen Schuß Rum hinzuträufeln und ganz zum Schluß den steifen Eierschnee unterziehen. Auf die unterste Stufe im Backofen einschieben und 50 – 60 Minuten bei 180° – 200° backen.

16. Dezember

Eierhütchen für den Frühstückstisch an Weihnachten

Jeder kennt die lustigen Eierhütchen zu Ostern, die z. B. ein Hähnchen oder ein Hühnchen darstellen. Das hat uns auf die Idee gebracht, auch speziell für den Frühstückstisch am Weihnachtsmorgen Eierhütchen zu entwerfen, und zwar als stilisierten Weihnachtsbaum. Die Arbeit geht schnell voran, das ist auch nötig, da jedes Familienmitglied sein eigenes Hütchen haben soll.
Als Material haben wir rotes Topflappenhäkelgarn verwendet, die Durchzugkordel ist grün, aber vielleicht zieht der eine oder andere grüne „Bäume“ (was der Natur mehr entspricht) und rote Kordeln vor. Wer sich nicht entscheiden kann, wechselt mit den Farben einfach ab.

Anleitung
Wir häkeln zwei gleichschenkelige Dreiecke von 10 cm (d. h. alle drei Seiten sollen 10 cm sein) mit festen Maschen. An die untere Seite häkeln wir drei bis vier Reihen (und zwar von cm 3 bis cm 7 = 4 cm) in der Mitte an, das ist der „Baumstamm". Wir umhäkeln das Dreieck mit kleinen Muscheln oder Bogen, damit es ein wenig wie ein Baum aussieht (Abb. 33). Dann häkeln wir eine Luftmaschenkette ca. 30 cm lang und ziehen sie durch die Öffnungen, die sich beim Abnehmen am Rand der Dreiecke ergeben. So „nähen" wir praktisch die beiden Dreiecke zusammen. Am Anfang verknoten wir die Luftmaschenkette an der Innenseite des Eierhütchens, das Ende binden wir außen zu einer kleinen Schleife. Schon ist das erste Hütchen fertig (Abb. 34).

Abb. 33

Abb. 34

Rezepte aus England:

Christmas Cake und Mincemeat

Der „Christmas Cake" spielt in England eine ähnlich wichtige Rolle wie unser Weihnachtsstollen. Er wird nur zu Weihnachten — und das praktisch in jedem Haus — gebacken.

Zutaten
360 g Butter, 360 g Zucker, 360 g Sultaninen, 350 g Orangeat und Zitronat gemischt, 450 g Korinthen, abgeriebene Schale einer ungespritzten Zitrone und Orange, 6 Eier, 360 g Mehl, 360 g große Rosinen, ½ Teelöffel Nelken, Zimt und Muskat, ½ Teelöffel Salz, 110 ccm Weinbrand.

Zubereitung
Die Rosinen klein schneiden und dabei von Kernen befreien. Orangeat und Zitronat in Würfel schneiden (gibt es bei uns fertig zu kaufen), Korinthen und Sultaninen waschen. Aus Mehl, Butter, Zucker und den Gewürzen einen Teig bereiten, alle Gewürze und Früchte zugeben und zusammenkneten. In eine mit Alufolie oder gefettetem Butterbrotpapier ausgelegte runde oder längliche Kuchenform einfüllen und auf ganz kleiner Flamme ca. 4 Stunden backen.

Traditionell ist auch eine Süßspeise, das *Mincemeat.* Hier empfehlen wir, mit dem halben Rezept zu beginnen, weil diese Speise für uns ungewohnt ist. Aber ein Versuch lohnt sich immerhin. Wir geben das volle englische Rezept.

Zutaten
450 g Nierenfett (Rindertalg), 450 g braunen Zucker, 110 g Zitronat und Orangeat gemischt, ½ Teelöffel Salz, 100 ccm Weinbrand, Sherry oder Rum, Saft von 4 Orangen, abgeriebene Schale einer ungespritzten Orange, 450 g Sultaninen, 450 g Korinthen, 450 g Rosinen, 450 g Äpfel, Saft von 2 Zitronen, abgeriebene Schale einer ungespritzten Zitrone, ½ Teelöffel Muskat.

Zubereitung
Talg, Äpfel und Rosinen fein hacken, Zucker, Orangeat, Zitronat, Mandeln, Korinthen, Sultaninen, abgeriebene Zitronen- und Oran-

genschale dazugeben. Danach mit Salz, Gewürzen, Zitronen- und Orangensaft sowie dem Alkohol gut zu einer geschmeidigen Masse vermischen. Das Mincemeat wird in Gläser oder Tongefäße fest eingedrückt, mit einem Pergamentpapier bedeckt und mit Zellophanpapier dicht verschlossen (wie bei frisch eingekochter Marmelade). An einem kühlen, trockenen, dunklen Platz (Keller) aufbewahren, bis es gebraucht wird.
Mincemeat sollte mindestens einen Monat vor Gebrauch hergestellt werden, da es immer besser wird, je länger es steht.

17. Dezember

In unserem Nachbarland *Frankreich* wird zu Weihnachten bei weitem nicht soviel gebastelt wie bei uns. Allerdings gibt es zwei typische Weihnachtsartikel; das sind einmal die weitbekannten vielfältigen Figuren aus der Provence, die es in reichem Maß auf dem Weihnachtsmarkt in Straßburg zu kaufen gibt. Es gibt die typischen Krippefiguren wie Maria, Josef, das Jesuskind und die Heiligen Drei Könige, aber drum herum soviel andere Gestalten und Tiere, daß man jedes Jahr den Bestand erweitern kann. Wie uns erzählt

wurde, gibt es außerdem noch eine süße Spezialität, die an Weihnachten in keinem französischen Haushalt fehlen darf:

Bûche de Noel:

Diese Süßigkeit erinnert in ihrer Beschaffenheit an Nougat, daher mutet es eigenartig an, daß sie mit Schlagsahne serviert werden soll. Das probiert jeder am besten für sich aus. Die Menge der hier angegebenen Zutaten ist auf die Dose Kastanienpüree abgestimmt, die es in 450 -Gramm-Abpackungen in Feinkostgeschäften zu kaufen gibt.

Zutaten und Herstellung
110 g schwarze Kochschokolade zerkleinern und im Wasserbad zerschmelzen lassen. 110 g Butter schaumig rühren, mit 110 g Zukker, 2 gestrichenen Teelöffeln voll Vanillezucker und einem Teelöffel Rum vermischen. Dann die weiche Schokolade zugeben. 450 g Kastanienpüree aus der Dose und ½ Eßlöffel Kirschwasser darunterschlagen, bis eine cremige Masse entsteht.
Auf Alufolie formt man nun aus der Creme einen „Baumstamm", d. h. eine etwa 23 cm lange und 6 – 7 cm breite Stange. An den Längsseiten biegt man die Folie nach oben, um eine gleichmäßige Außenseite zu erhalten. Mit Alufolie überdeckt, stellt man die „Bûche de Noel" mindestens einen Tag in den Kühlschrank.
Wenn die Creme dann um einiges fester geworden ist, ritzt man mit einem Messer vorsichtig rindenähnliche Muster auf die Oberfläche und überstreut das Ganze mit Schokoladenpulver.
Nun schneidet man beide Längsseiten mehrmals von außen nach innen schräg ein, so daß der Eindruck eines angeritzten Baumstammes entsteht. Bis zum Servieren stellt man die süße Speise wieder in den Kühlschrank.

Kleine Tannenzweige werden mit roten Schleifen, künstlichen Äpfeln oder Tannenzapfen verziert und um die „Bûche de Noel" auf einer Platte dekoriert.

Dazu ein alter Brauch, der in *Süddeutschland,* dem *Elsaß,* in *Österreich* und in der *Schweiz* auch heute noch ausgeübt wird: die *Klöpflesnächte.* An den drei Donnerstagen vor Weihnachten ziehen die Kinder in diesen Gegenden — ähnlich wie in Heidelberg am 5. Dezember, dem „Kleinen Nikolaustag" — von Tür zu Tür und klopfen, weil sie eine kleine Gabe erhoffen, die sie natürlich auch erhalten. Die Klöpflesnächte sind heute noch besonders bekannt in Schwäbisch-Hall, Mundelsheim, Mergentheim und Crailsheim.

18. Dezember

Ein einfacher Engel

Dieser einfache Weihnachtsengel besteht aus Filzpapier und ist damit wieder besonders geeignet für das Basteln mit kleinen Kindern.
Das Kleid ist aus blauem, Flügel und Heiligenschein aus gelbem, das Gesicht aus rosafarbenem Filzpapier. Das Gesicht ist mit Filzstift aufgemalt, wer will, kann das Kleid noch mit auf einer Seite ab-

Abb. 35

Abb. 36

geflachten Glassteinen, wie wir sie schon bei den Paketanhängern verwendet haben, verzieren.
Wir zeichnen auf die Rückseite des Filzpapiers ein Dreieck. Die Grundlinie ist ca. 29 cm lang, die beiden Seiten ca. 24 cm. Die obere Ecke des Dreiecks schneiden wir ab, etwa bei 20 cm der Seitenlinien. In denselben Maßen noch ein zweites Stück ausschneiden. Ebenfalls die Flügel aufzeichnen und ausschneiden. Jeden Flügel nun — Filzpapier auf Filzpapierseite — auflegen und danach noch einmal ausschneiden, so daß wir vier Flügelteile erhalten, von denen je zwei deckungsgleich sein müssen. Gesicht und Hals auch je zweimal ausschneiden, den Heiligenschein nur einmal. Die Flügelteile werden mit Alleskleber zusammengeklebt, die Gesichtsteile ebenfalls. Auf die vordere Gesichtshälfte zeichnen wir das Gesicht, vorher haben wir den Heiligenschein aufgeklebt. Jetzt werden die Ränder des Kleides mit Klebstoff bestrichen und vor dem Festdrükken die fertigen Flügel an die obere Hälfte (ca. 2 cm vom oberen Rand) sowie der Kopf in der Mitte der oberen Kante eingeklebt (Abb. 35, 36). Das Kleid schlagen wir an den unteren Ecken hinten übereinander und kleben es auch fest. Bis der Kleber gebunden hat, können wir die übereinandergeschlagenen Teile mit Büroklammern festhalten. Wir setzen auf die Mitte des Kleides die Glassteine wie Knöpfe (vorsichtig mit Klebstoff aufkleben), wir können aber auch das ganze Kleid mit Steinen besetzen oder Goldborten aufsetzen.
Der Engel kann als Zierde auf dem Tisch stehen, wir können ihn mit einem Aufhänger verse-

Abb. 38

Abb. 37

hen und ihn in die Mitte des hängenden Adventskranzes hängen, oder, was fast am schönsten aussieht, wir stülpen den Engel über eine schmale Vase, die mit Tannenzweigen gefüllt ist (Abb. 37, 38). Der Engel läßt sich in allen anderen Maßen ebenso leicht arbeiten, so daß wir uns auch nach dem Umfang einer größeren oder kleineren Vase richten können. Wer einen Tischschmuck sucht, kann beispielsweise ganz kleine Engel herstellen, die am Adventssonntag oder an Weihnachten vor jedem Teller stehen. In diese kleinen Engel kann man auch eine schmale hohe Kerze stellen. Beim Abbrennen der Kerzen ist allerdings Vorsicht geboten, da Filzpapier leicht brennt.

19. Dezember

Kerzengießen und Kerzen verzieren

Die einfachste und schnellste Art Kerzen herzustellen ist, sie zu „backen“. Bitte nicht wörtlich nehmen! Aber tatsächlich kann man Ausstechförmchen aus Blech, wie man sie für Weihnachtsgebäck nimmt, sehr gut dazu verwenden, kleine und niedere Dekorationskerzen zu gießen.
Das Wachs kauft man entweder farblos im Bastelgeschäft oder färbt es mit Wachsfarbenpulver oder -stangen, je nachdem, was angeboten wird — oder man schmilzt die Stümpfe von bunten Wachskerzen ein. Geschmolzen wird in Schmelztiegeln, Blechgefäßen, die einen ca. 5 cm hohen Rand und einen Durchmesser von 10 cm haben. Der Schmelztiegel wird ins Wasserbad gesetzt, und während das Wachs erweicht, rührt man mit einem Holzstäbchen die Masse um. Wenn das Wachs flüssig ist, wird die Farbe hinzugegeben und unter Rühren aufgelöst. Ist das Wachs gleichmäßig intensiv gefärbt — es soll heiß sein, aber nicht kochen — können wir mit dem ersten Gießvorgang beginnen: Die Backförmchen liegen in flachen Blech- oder Porzellanschalen. Jetzt gießt man das Wachs in die Form, aber nur soviel, daß der Boden bedeckt ist. Im Wasserbad — am besten im Waschbecken — läßt man diese Schicht kalt und fast hart werden. Inzwischen kann das Wachs im Schmelztiegel wieder fester geworden sein, vor dem zweiten Gießvorgang aber muß es genau wie am Anfang erhitzt und völlig flüssig werden. Dann gießt man das Förmchen so voll, bis das Wachs überzulaufen scheint: es erhebt sich ein wenig über den Rand, fließt aber nicht über und schrumpft beim Erkalten wieder zusammen.
Wenn das Wachs hart ist, wird es aus dem Förmchen herausgedrückt. Mit einer heißen Stricknadel (auch dicke Stopfnadel) durchbohrt man die Form in der Mitte und steckt ein ca. 3 – 4 cm langes Dochtstück hinein. Das Ende des Dochts klebt man mit etwas heißem Wachs an der Unterseite an.
Die fertige Kerze soll als Tischschmuck dienen: Vor jeden Teller

auf der Weihnachtstafel legen wir ein Herz, einen Stern auf kleine Glas- oder Porzellanteller mit Rand (sonst fließt das Wachs auf die Tischdecke), um beim Essen das warme und gemütliche Kerzenlicht zu haben.
Wir haben die Wachsförmchen aber auch als Baum- oder Gesteckschmuck benutzt. Dazu braucht man keinen Docht, sondern sticht oben ein Loch hinein, durch das man ein buntes Band zum Aufhängen durchzieht.
Nicht neu ist das Verzieren von Kerzen. Wir geben trotzdem eine kleine Anleitung, weil gerade Kinder so viel Spaß an dieser einfachen und wirkungsvollen Arbeit haben. In Bastelgeschäften gibt es Wachsplatten und Wachsstreifen fertig in allen Farben zu kaufen. Aus den Platten schneidet man kleine Motive wie Sterne und Mond oder auch breitere Streifen mit Zacken. Die handwarmen Teile drückt man an die fertig gekauften Kerzen, die Streifen windet man um die Kerzen herum und drückt alles fest an. In einem Goldsternkerzenhalter aus Metall verschenkt, ist das eine komplette Gabe, die immer wieder Freude beim Beschenkten auslöst.

20. Dezember

Glockenband

Wenn am Weihnachtsabend der Baum angezündet ist und die Kinder ins Weihnachtszimmer kommen dürfen, wird in den meisten Familien mit einer Glocke geläutet. Solche Glöckchen gibt es in vielen Ausführungen zu kaufen, doch wir wollen ein Glockenband (Abb. 39) basteln und damit eine neue Familientradition begründen. Die Idee ist, daß wir es für die eigene Familie oder als Geschenk herstellen, und zwar im ersten Jahr mit nur einer Glocke. Für jedes folgende Fest soll dann Platz sein, eine weitere Glocke anzunähen — vielleicht bis die Kinder aus dem Haus sind oder auch darüber hinaus. Wer will, kann natürlich auch von Anfang an so viele Glöckchen annähen, wie er an Jahren verheiratet ist oder wie alt das älteste Kind ist. Das mag jedem selbst überlassen bleiben.

Abb. 39

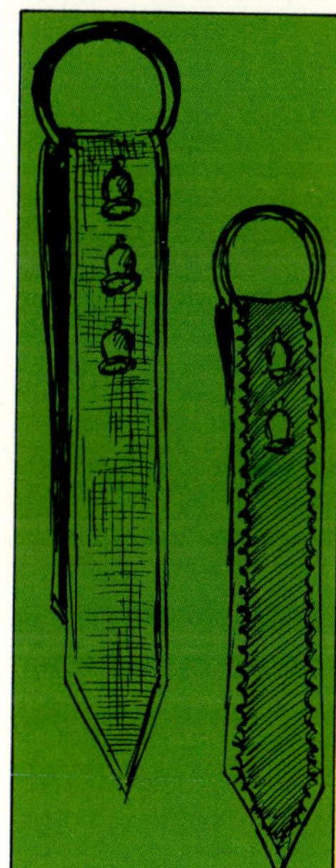

Wir können das Band aus vielerlei Material herstellen: Samtband, Rupfenband, Brokatstoff, Filzpapier usw. Man kann es auch häkeln oder sticken.

Das Glockenband sollte ca. 40 cm lang und 4 cm breit sein. Aus Rupfenband brauchen wir es nur in der nötigen Länge zuzuschneiden, in der Breite, in der es in Bastelgeschäften erhältlich ist, auch wenn die Maße etwas abweichen. Die Spitze unten wird zugeschnitten, evtl. umsäumt oder sauber verklebt. Ca. 5 – 10 cm werden durch einen Holzring oder einen Gardinenring (4 – 5 cm Durchmesser) gezogen und auf der Rückseite vernäht. Einige

feste Stiche genügen schon. Auf die Vorderseite — ob oben oder unten beginnend, bleibt dem eigenen Geschmack überlassen — wird nun das erste Glöckchen aufgenäht. Man erhält solche goldfarbenen Glocken in Schreibwaren- oder Bastelgeschäften in verschiedenen Größen, man muß nur darauf achten, daß sie oben eine kleine Öffnung haben, da sie sonst nicht zum Annähen geeignet sind. Bei Samtband oder Brokatstoff muß man zunächst in den angegebenen Maßen aus Karton eine Stütze für den Stoff schneiden. Der Stoff wird um den Karton gelegt und an den Rändern festgeklebt. (Stoff recht stramm ziehen.) Das Samt- oder Stoffband kann mit Goldlitzen, Spitzenrüschen oder gestickten Motiven verziert werden. Immer erst am Schluß die kleine Glocke aufnähen.
Wer die „Familientradition“ aus Filzpapier basteln will, schneidet das Stück in der nötigen Länge zweimal zu, verklebt die beiden Teile und führt das obere, stumpfe Stück vorsichtig durch den Ring. Hier empfiehlt es sich, die Glocke schon vorher aufzunähen. Auch bei Filzpapier sind Verzierungen möglich, z. B. ein kontrastierender Streifen ringsum, der zwischen die Vorder- und Rückseite geklebt wird. Filzpapier läßt sich gut nähen, daher ist es zur Verarbeitung auch für kleinere Kinder geeignet, die diese leichte Bastelarbeit vielleicht als Geschenk herstellen wollen.

Am 20. Dezember wird in Süddeutschland nach einem alten Brauch das *Hutzelbrot* gebacken. Es wird auch Klötzenbrot genannt, und die Mädchen gaben früher als besondere Auszeichnung dem jungen Mann ihres Herzens den Anschnitt. Verschlüsselte Liebeserklärung: „Dich laß ich mein Klötzenbrot anschneiden.“.

21. Dezember

Weihnachtskarten-Tannenbaum (siehe Seite 67)

Hier haben wir noch einmal eine Idee aus Amerika verwertet und abgewandelt. Die Weihnachtspost spielt in den Vereinigten Staaten noch eine größere Rolle als bei uns. Ja, es werden ganze Karteien darüber geführt, wer wem geschrieben und geantwortet hat, so daß man aus der Kartei „fliegt", wenn man schreibfaul war und im nächsten — oder bei nicht gar so strengen Leuten — im übernächsten Jahr keine Post mehr zum Fest erhält. Aber die eingehenden Glückwunschkarten werden nicht einfach gelesen und weggepackt, sie werden meist im Zimmer aufgehängt, sei es an einer kleinen Leine, mit Stecknadeln an die Wand geheftet oder an die Innenseite der Haustür (Wohnungstür) auf einen eigens dafür vorbereiteten „Tannenbaum" geklammert, wie wir das mit Büroklammern gemacht haben.
Zwei Bogen Bastelpapier (in Bastelgeschäften erhältlich 50 × 70 cm) werden an den Breitseiten zusammengeklebt (Alleskleber, Klebestreifen). Dies ist die Rückseite. Darauf zeichnen wir einen stilisierten Tannenbaum. Der Baum wird ausgeschnitten, und mit Wachsfarben (da diese Farben auf dem Papier gut zur Geltung kommen) werden Tannenzweige und Rinde mit Grün- bzw. Braunstift aufgemalt. Den Tannenbaum befestigt man mit Klebestreifen an der Weihnachtszimmertür. Sowie die erste Post eingeht, werden die Glückwunschkarten mit Büroklammern angeheftet. Vielleicht kommt so viel Post, daß man am Fest fast gar nichts mehr vom Baum sieht, aber für die Übergangszeit ist es sehr hübsch, wenn der Baum auch ohne Karten, nur durch seine Bemalung, wirkt. Nach dem Fest kann man den Baum zusammenrollen, um ihn bis zum nächsten Jahr zu „überwintern".
Der 21. Dezember ist der Thomastag, der kürzeste Tag des Jahres. Ähnliche Lichtbräute wie am Luciatag gehen in die Häuser, weil in der längsten Nacht vor der Sonnenwende das Licht neu geboren wird.

22. Dezember

Geschenkpapier

Geschenkpapier wird immer hübscher und einfallsreicher, aber auch immer teurer. Recht preiswert ist immer noch das einfarbige Seidenpapier (DM 0,20 bis DM 0,30). Dazu kaufen wir einen Bogen Weihnachtsgeschenkpapier mit möglichst vielfältigen Weihnachtsmotiven. Für kleine Kinder eignet sich das Papier, das die Motive in Rechtecke eingeteilt hat. Die Kinder schneiden dann nur die Rechtecke aus. Größere Kinder oder die Eltern können aber auch schwierigere Motive mit der Nagelschere sorgfältig ausschneiden. Die Geschenke werden in einfarbiges Seidenpapier eingewickelt, mit Zierband zugebunden, und ein Bild oder mehrere Motive werden auf ein Päckchen geklebt. Für Kindergeschenke sind die bunten Farben des Seidenpapiers sehr geeignet.

Für Erwachsene sieht folgende Verpackung sehr wirkungsvoll aus: Die Geschenke werden in schwarzes Seidenpapier verpackt und mit Klebestreifen zugeklebt. Es wird kein Zierband verwendet. In die Mitte des Päckchens, ins obere oder untere Drittel, je nach Geschmack, wird ein Strohstern vorsichtig aufgeklebt. Es können auch zwei kleinere Sterne zusammen auf ein Päckchen geklebt werden. Die hellen Strohsterne kommen auf dem schwarzen Untergrund besonders gut zur Geltung. Von dem schwarzen Seidenpapier heben sich aber auch Goldfiligransterne leuchtend ab oder sogar einfache, aus weißem Schreibpapier geschnittene Sterne, die für kleinere Kinder wieder leichter zu schneiden sind. Gerade für die weißen Sterne kann man auch das bunte Seidenpapier als Grundpapier nehmen. Kinder bevorzugen beim Basteln buntes Papier.
Wir können Sterne aus Vierecken (10 cm im Quadrat), aus einem Kreis (großes Weinglas oder Tasse umranden, oder mit dem Zirkel einen Kreis von ca. 8 – 10 cm Durchmesser schlagen) oder aus einer Sternenform basteln.

Viereck
Das Viereck auf die Hälfte falten zum Dreieck, das Dreieck noch zweimal zu je einem kleineren Dreieck falten. Dieses ist dann an der unteren Seite 5 cm, an den Schenkeln 3,5 cm lang. Wir nehmen das Dreieck so in die linke Hand, daß das geknickte Teil oben außen liegt. In die beiden Außenteile schneiden wir Zacken und Rundungen beliebiger Art. Erst wenn wir auseinanderfalten, sehen wir, was für hübsche Motive auf diese Weise entstanden sind.

Kreis
Den Kreis falten wir dreimal je zur Hälfte. Die Spitze halten wir in der linken Hand und schneiden Motive in alle drei Seiten, den gerundeten Rand verzieren wir z. B. mit kleinen Zacken.

Stern
Wir schneiden eine gleichseitige Sternform, falten den Stern auf ein Viertel und dann noch einmal von der stumpfen Seite her zur Hälfte. Zunächst schneiden wir nur in die zuletzt geknickten Bugfalten, falten dann auf zum Viertel und schneiden in die Bugstelle nochmals Rundungen oder sonstige Einschnitte ein.

Variation

Wenn diese Papiersterne aus Goldfolienpapier hergestellt werden, fallen sie noch künstlerischer aus, entweder in Gold oder auch in blau, rot und grün. Eine wertvolle Verpackung — aber auch entsprechend teuer — ist es, wenn das Geschenk (Buch, Schallplatte oder sonst eine gerade Fläche) in Goldfolie eingepackt wird und darauf noch ein Filigranstern geklebt wird.

Aus Goldfolie können wir auch die bekannten Hütchen herstellen, zu einer Rosette zusammensetzen und auf die Päckchen kleben. Dazu schneiden wir einen Kreis aus (Weinglas oder Wasserglas mit dem Bleistift umfahren — Durchmesser ca. 8 cm), schneiden aus diesem Kreis ein Viertel heraus und biegen die ausgeschnittenen Kanten so weit übereinander, daß sich ein Hütchen bildet. Die Kanten werden festgeklebt. Durch die Spitze einen Goldfaden ziehen und das nächste Hütchen basteln. Am Schluß werden alle Goldkordelenden zu einer Schleife verknotet und mit Klebefolie auf dem Geschenkpapier festgemacht. Oder wir kleben drei Hütchen direkt auf das Papier.

23. Dezember

23

Allerlei kleine Geschenke in letzter Minute:

Foto-Streichhölzer

In der Adventszeit braucht jeder Streichhölzer, da in keiner Zeit des Jahres so viele Kerzen abgebrannt werden wie gerade jetzt. Aber unsere Streichholzschachteln sind wirklich gar zu phantasielos — im Gegensatz zu Amerika beispielsweise, wo es viele verschiedene Streichholzschachteln mit den hübschesten Motiven gibt, die man sich vorstellen kann, Blumen, Folklore u. ä. Deshalb haben wir uns entschlossen, unsere Streichholzschachteln individuell zu verschönen. Wir bekleben die nüchternen Schachteln mit Fotografien von Freunden und Familienmitgliedern und erhalten so gleichzeitig ein hübsches Geschenk (Abb. 40). Die Fotos können Ausschnitte aus größeren Bildern sein, oder wir verwenden sogenannte Kontaktabzüge, auch Probeabzüge genannt.
Bei Schwarzweißfotografien bekleben wir die Ober- bzw. Unterseite der Streichholzschachtel (5,2 × 3,5 cm) entweder mit festem

Abb. 40

schwarzem oder weißem Papier. Die Fotoausschnitte bzw. Probeabzüge werden auf die Größe von 3,5 × 2,5 cm zurechtgeschnitten, so daß eine Art „Rahmen" von 0,8 cm an der Breitseite und 0,5 cm an der Längsseite entsteht. Um zu vermeiden, daß die Bilder bei häufigem Gebrauch ausfransen oder einreißen, kann man das aufgeklebte Foto samt „Rahmen" mit farblosem Lack überpinseln. Bei farbigen Bildausschnitten — sofern sie nicht die ganze Schachtelfläche ausfüllen — sieht es auch wirkungsvoll aus, wenn man den Untergrund, auf den das Foto geklebt wird, in einer im Bild vorkommenden Farbe wählt.

Schokoladenobst

Wer noch etwas Süßes verschenken will, kann einmal versuchen, getrocknete Apfelringe, Birnenschnitze, Datteln oder Rosinen mit Schokoladenkuvertüre zu überziehen. Die Kuvertüre im Wasserbad schmelzen lassen und die Früchte darin eintauchen. Auf Porzellanteller oder Silberfolie trocknen lassen und in Weihnachtstüten oder Zellophantüten verpacken. (Wir haben die leichten Schokoladenapfelringe zwischen die Wimpel des Adventsschiffes gehängt.)

Engelchen im Schnellverfahren

Wir nehmen einen DIN A 4-Bogen Schreibpapier und falten ihn ziehharmonikaförmig der Breite nach, ca. 1 cm pro Bug. In die Mitte von oben einen Schnitt von etwa einem Drittel der Gesamtlänge

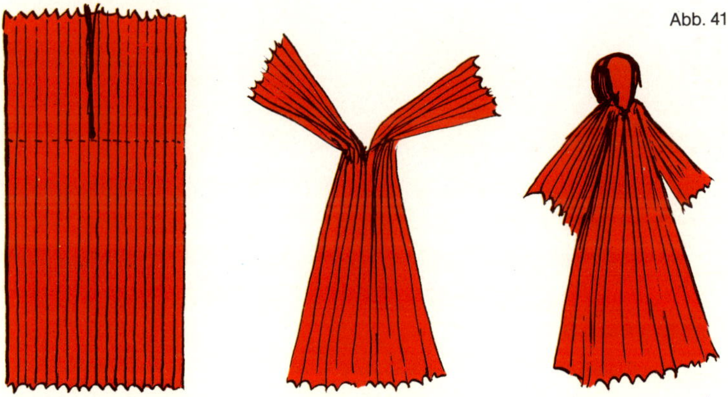

Abb. 41

schneiden. Die beiden so entstandenen Hälften links und rechts herabbiegen und etwas auseinanderziehen — das sind die Ärmel. Den Rest auseinanderziehen, das ist das Kleid. Einen runden Kopf ausschneiden und zwischen die Ärmel von hinten her kleben. Mit einem Aufhänger versehen (Abb. 41, Seite 73).
Dieser Engel kann sogar schon von sechsjährigen Kindern hergestellt werden. Als Variante kann jede beliebige Größe — kleiner, mittlerer und ganz großer Engel — gearbeitet werden, auch das Material kann ganz verschieden sein. Kleine Engel aus Seidenpapier wirken sehr zart, größere werden aus Goldfolie hergestellt. Zur Abrundung können ein Seidenband oder eine Goldkordel um das Kleid geschlungen werden.

24. Dezember

Am 24. Dezember hat wohl keiner mehr Zeit, etwas zu basteln oder zu backen. Deshalb wollen wir noch ein wenig von Weihnachtsbräuchen erzählen.

Zum erstenmal haben wir im Jahre 1605 von einem Weihnachtsbaum gehört, der in einem Bericht aus *Straßburg* erwähnt wird. Seither hat er sich weit über die Welt verbreitet, es gibt sogar Firmen, die sich dem Versand von Tannenbäumen in Länder, wo er nicht wächst, widmen. Doch es muß ja nicht unbedingt eine Tanne bzw. Fichte sein, die wir — oder Leute aus anderen Ländern — schmücken. Alle Arten von Bäumen, z. B. Pinien auf den *Philippinen,* sind schon zur Feier der Geburt des Jesuskindes verziert und mit Lichtern versehen worden. In *Mexiko* wird schon eine Woche vor dem Fest gefeiert, insbesondere werden von Familie zu Familie Besuche gemacht, die Gäste singen vor der Türe und erinnern durch ihr Lied an die Herbergssuche von Maria und Josef, ein Brauch, von dem wir ja schon einige Varianten gehört haben. Bei uns treten am 6. Januar die letzten Sänger auf, das sind die Sternsinger (Abb. 42), die die Heiligen Drei Könige darstellen und auch noch einmal um eine Gabe bitten. In *Finnland* heißt der Weihnachtsmann Joulopukki, er kommt aber nicht am 6. Dezember, dem Nikolaustag, sondern am Heiligen Abend, denn der Joulopukki bringt auch die Geschenke für die Kinder. In *Spanien, Amerika, England* — um nur einige Länder zu nennen — wird der 24. Dezember als Fest mit Freunden und Verwandten begangen, die Geschenke werden erst am 25. Dezember verteilt, häufig hängen Strümpfe am Kamin, die über Nacht gefüllt wurden. Früher, vor dem 4. Jahrhundert, wurde nicht die Geburt des Christkinds gefeiert, sondern seine Taufe am 6. Januar. Am 25. Dezember wurde in *Ägypten, Syrien, Griechenland* und bei den *Römern* der Geburtstag des Sonnengottes festlich begangen. An diesem Tag war auch der bei den *Persern* geheiligte Lichtgott Mithras geboren, und vielleicht hat die Kirche auf diese Feiertage bei der Festlegung des Weihnachtstages Rücksicht genommen. In allen Bräuchen spielt ja das

Abb. 42

Licht eine besondere Rolle — auch der Stern von Bethlehem ist eine Lichtquelle — und symbolisiert Jesus als das Licht der Welt.
In vielen Liedern und Legenden hören wir von dem Weihnachtsgeschehen, selbst wenn es gar nicht unmittelbar damit zusammenhängt oder auf vorchristliche Vorstellungen zurückgeht.
In *England* kennt man ein Weihnachtslied, das von dem Heiligen Wenzel (Wenceslaus) handelt, der sich in Böhmen um die Christianisierung seines Landes bemühte. (Er wurde von seinem Bruder Boleslav I. ermordet und später heiliggesprochen.) Das Lied „Guter König Wenceslaus" erzählt, wie der König in einer eiskalten Schneenacht unterwegs war und um ihn herum die Luft sich so erwärmte, daß der Schnee schmolz und sein Page ihm leicht in seinen Fußstapfen folgen konnte.

Quellenverzeichnis

Eugen Fehrle: Fest und Volksbräuche im Jahreslauf europäischer Völker; Johann-Philipp-Hinnenthal-Verlag, Kassel

Hedi Lehmann: Volksbräuche im Jahreslauf; Heimeran-Verlag, München

Sigrid Metken: St. Nikolaus in Kunst und Volksbrauch; Carl Lange Verlag, Duisburg

Ulrich Riemerschmidt: Weihnachten — Kult und Brauch — einst und jetzt; Marion von Schröder Verlag, Hamburg

Sinnvolle Freizeit

... eine Buchreihe für Bastelfreunde

Die Bastelparty
Kindereinladungen einmal anders

Von Heidi und Nina Hoegen

Auch Kinder feiern gern Feste! Wie man diese, von der Einladung bis zum Abschied aufziehen kann, davon berichtet die Autorin, selbst vielbeschäftigte und erfahrene Mutter. Zu dieser Party kommen die Kinder, ausgerüstet mit ein wenig Bastelmaterial — und sie gehen mit Dingen, die sie selbst gemacht haben. am Abend nach Haus. Die kleinen Gäste gewinnen Selbstvertrauen, und ihre Phantasie wird angeregt.
64 Seiten, 14 Farbfotos, 35 Zeichnungen.

Spielzeug aus aller Welt
Alte Kunst — neues Hobby

Von Warren Farnworth

Spielzeug muß nicht teuer sein, — man kann es sogar selber machen! Dieser Band bietet Ihnen eine wertvolle Hilfe: Ihre Phantasie wird angeregt, technische Möglichkeiten werden vorgestellt, und die Materialvorschläge sind darauf abgestimmt, daß der Geldbeutel nicht überstrapaziert wird. Gleichzeitig erlebt man einen reizvollen Ausflug in die Kinderzimmer vieler Länder und erfährt manches über die Geschichte des Spielzeugs. 54 Seiten, 76 Zeichnungen.

Marionetten, Kasperlfiguren, Theatergruppen
Alte Kunst — neues Hobby

Von Sheila Jackson

Eine Puppenbühne ist der Traum vieler Kinder. In diesem Band erfahren Sie, wie Sie ein „Ensemble“ und ein Haus dafür selber gestalten können. Die Auswahl reicht von den Hand- und Stabpuppen für die Kleineren bis zu den etwas anspruchsvolleren Marionetten für die Größeren. Der Leser erfährt in diesem Band alles Wichtige über Werkzeug, Technik und Gestaltungsmöglichkeiten.
80 Seiten, 48 Zeichnungen.

Franckhs Hobbybände bringen Freizeit-Gewinn!

Franckh'sche Verlagshandlung · Postfach 640 · 7000 Stuttgart 1